나를 아프게 하는 사람은

버리기로 했다

양지아링
지음

허유영
옮김

나를 아프게 하는 사람은

버리기로 했다

불편한 사람과 상처 없이 멀어지는 관계 정리법

심플라이프

너무 애쓰지 마세요

나는 오랫동안 심리상담과 소통 교육을 해오면서 인간관계에서 상처 받은 사람을 많이 만났고, 그들이 상처를 극복할 수 있도록 도와주었 다. 자신의 표현 방식을 깨달아 소통 능력을 키우도록 이끌고, 성장기 를 회상해 감정적인 에너지를 분출하게 했다. 인생 경험을 긍정적으 로 재해석해주기도 했다. 하지만 어떤 방법을 사용하든 그 밑바탕에 는 한 가지 가설이 깔려 있었다.

인간관계에서 어려움을 겪는 사람은 어떤 기교가 부족하거나 감 정의 응어리를 떨쳐내지 못했기 때문에 새로운 사람과 상호작용하기 혹은 관계 맺기가 불가능하다는 것이었다. 그러므로 이 원인을 찾아 내 보완하기만 하면 문제가 해결될 것이라고 믿는다. 다시 말해 당사 자의 노력으로 어려움을 극복할 수 있다고 믿는 것이다.

많은 사람이 이런 생각에 동조하고 환호를 보냈다. 자립을 최고의 가치로 여기는 이 사회는 각자의 문제는 스스로 책임지길 바란다. 문제가 생겼다는 건 개인의 능력이 부족하다는 뜻이므로 포기하지 말고 열심히 내공을 갈고닦는다면 언젠가는 성공할 수 있다고 말한다.

하지만 정말로 그럴까? 이 세상의 모든 문제는 어딘가에 그 해결 방법이 있는 것일까?

사회적으로 성공한 여성이 있었다. 그녀는 어머니와의 관계를 개선하기 위해 오랜 시간 비싼 돈을 들여 여러 가지 코칭 프로그램에 참여했다. 그녀를 아는 사람은 모두 그녀가 선량하고 자상하며 누구와도 잘 지낸다고 말했다. 하지만 그녀에게는 한 가지 아쉬움이 있었다. 바로 어머니와의 관계였다. 항상 딸의 부족한 점을 지적하고 꾸짖기만 하는 어머니 때문에 그녀는 어머니와 함께 있을 때면 늘 우울했다. 어머니가 바라는 대로 자신을 바꾸었지만 아무 소용 없었다.

그녀와 오랜 시간 많은 대화를 나누었음에도 관계를 개선할 해결 방법을 찾을 수 없었다. 그러던 어느 날 내가 그녀에게 물었다.

"어머니와의 관계를 제외하고 당신 인생에 부족한 게 있나요?"

그녀가 내 물음에 놀란 듯 잠시 생각에 잠겼다가 한숨을 내쉬며 말했다.

"엄마만 없다면 전 행복한 사람이라고 생각할 거예요. 갖고 싶은 걸 모두 가졌으니까요."

내가 또 물었다.

"당신은 아주 오랫동안 어머니와의 관계를 회복하려고 노력했죠. 그런데 어머니도 그걸 원하실까요? 어머니가 정말 화목한 가정을 원하실지 생각해봤어요?"

마치 외계인의 말이라도 들은 것처럼 그녀의 눈이 휘둥그레졌다. 한참 생각에 잠겨 있던 그녀가 천천히 입을 열었다.

"전 그동안 엄마라면 당연히 자식을 사랑해야 한다고 생각하고 있었어요. 선생님 말씀이 맞아요. 우리 엄마는 저와 사이좋게 지내고 싶어 하지 않아요. 내가 없어도 엄마의 인생은 불쌍하지 않아요. 취미도 있고, 엄마 인생을 즐기며 사시죠. 오히려 내가 엄마에게 방해가 될 뿐이에요. 내 멋대로 엄마에게 화목한 가정인 척 연기하라고 강요하며 무대에 올라오지 않는 엄마를 원망했어요."

"그건 당신 잘못이 아니에요. 이 사회가 화목한 가정이라는 강박증에 시달리고 있어요. 관계에 작은 틈이라도 생기면 그걸 메우기 위해 모든 노력을 다해야 하죠. 실패했음을 인정하고 용서를 구해야 해요."

이 대화는 나와 그녀 모두에게 중요한 계기가 되었다. 인간관계에 틈이 생겼을 때 그걸 회복하는 것 외에 다른 선택은 없을까? 관계로 인해 상처받는 이유는 우리가 그 관계에 너무 집착하기 때문은 아닐까? 관계란 두 사람의 일이라는 사실을 잊은 채 그저 상대에게서 심리적 만족감을 얻고 싶어 할 뿐인 건 아닐까? 어느 한쪽이든 움직이지 않으면 그 관계에서는 행복을 얻을 수 없다.

일본 드라마 「Dr. 린타로」의 주인공인 정신과 의사는 우울증으로 자살을 생각하는 여자에게 '세상은 아름다운 곳이니 강인하게 살아가라'고 격려하지 않는다. 대신 여자의 마음속 상처를 정곡으로 찌르며 이렇게 말한다. "노력하지 말아요. 당신은 더는 버틸 수 없을 때까지 버텼어요!" 아무리 노력해도 상황이 나아지지 않는데 어째서 관계를 놓지 못하는 걸까? 자신을 아끼고 스스로 너무 많은 부담을 떠안지 않는 것은 용감하게 문제를 돌파하는 것보다 더 큰 용기가 필요한 일이다.

관계도 집과 같아서
정기적으로 정리해야 한다

가구 정리, 물건 정리에 관한 책들이 서점가에서 큰 인기를 끌고 있다. 물건을 버림으로써 불필요한 짐을 떨쳐내고 홀가분한 인생을 살아야 한다고들 말한다. 하지만 물리적 공간 말고 우리 내면의 심리적 공간을 가볍게 하는 방법에 관해 진지하게 생각해본 적 있는가? 그 속에 몇 명이나 들어갈 수 있을까? 그들이 나의 심리적 공간을 어떻게, 얼마나 차지하고 있을까? 그중 남겨두어야 할 사람은 누구이고, 떠나보내야 할 사람은 누구일까?

수많은 사람이 수동적인 삶을 살고 있다. 끊임없이 관계를 받아들이고, 사람들의 이름을 기억하고 저장한다. 내 생활 속에 존재하지 않는 사람까지도 감정 속 어느 귀퉁이에서 자리를 차지한 채 에너지를 소모시키고 있다. 물건 버리는 기술을 배우고 물리적인 공간을 청소해 불필요한 물건을 쌓아놓지 않는 것처럼 심리적인 공간도 똑같이 정리한다면 삶의 질을 높일 수 있지 않을까?

한번은 어떤 기관과 공동으로 프로젝트를 진행한 적이 있다. 당시 담당자의 오만한 태도 때문에 스트레스가 심했다. 그와 연락하는 날이면 번번이 화가 나서 퇴근 후에 집에 가서도 계속 그 일을 떠올리며 화를 냈다. 어느 날 저녁 심란한 기분을 전환하기 위해 진공청소기를 들고 바닥을 청소했다. 먼지를 빨아들이다 갑자기 아주 중요한 생각이 떠올랐다. 집 안을 깨끗하게 하려고 이렇게 열심히 청소하고 불필요한 물건을 사지 않으려 애쓰면서 정작 내게 중요하지도 않은 사람이 내 심리적 공간에 들어와 쌓이는 건 내버려 두고 있지 않은가?

그때 내가 집을 사랑하는 것만큼 내 마음속 집을 아끼지 않는다는 큰 깨달음을 얻었다.

관계도 집과 같아서 정기적으로 대청소가 필요하다. 나는 정기적으로 청소하지 않았을 뿐 아니라 온갖 잡다한 관계를 머릿속에 쌓아놓고 있었다. 좋은 관계와 나쁜 관계가 뒤죽박죽 뒤엉켜 좋은 관계마저 금세 더러워지고 파묻혀버렸다.

그날 이후 나는 관계도 정기적으로 정리해주어야 한다는 사실을 알았다. 관계의 넝쿨이 어지럽게 뻗어나가도록 내버려 두면 내가 짊어져야 하는 부담과 고통만 더욱 커질 뿐이다.

얼마 만에 한 번씩
정리해야 할까?

심리적인 공간도 물리적인 공간처럼 정리해야 한다. 그저 버리기 아깝다는 이유만으로 쓸모없는 물건을 꽉 붙들고 놓지 않으면 에너지가 과거에 집중되어 현재를 아름답게 하는 데 사용할 수 없다.

인간관계에서도 마찬가지다. 다시 이어붙일 수 없는 관계를 놓지 못하고 상대의 마음이 돌아오길 기다리는 건 훗날의 행복을 바라며 현재를 낭비하는 행위다.

매년 음력설이 다가오면 사람들은 집 안에 쌓아놓은 불필요한 물건을 버리고 새로운 행운을 받아들일 준비를 한다. 집 안의 기운이 잘 흐르도록 말끔히 청소해 행운이 들어오길 바란다. 이렇게 하지 않으면 해야 할 일을 하지 않은 것처럼 불안하고 찜찜하다.

하지만 많은 사람이 심리적인 공간도 정리가 필요하다는 사실은 모르고 있다. 심리적인 공간도 물리적인 공간과 마찬가지로 이미 식어버린 관계, 감정이 올가미가 되어 나를 옴짝달싹 못 하게 옭아매는 관계를 떨쳐내고 더 가치 있는 사람이 들어올 수 있도록 공간을 비워놓아야 한다.

혹시 당신에게 스트레스만 주는 몹시 싫은 커뮤니티에 가입되어 있지 않은가? 거기에 속한 사람들이 올리는 글과 동의할 수 없는 댓글을 보고 싶지 않지만 탈퇴 버튼을 누르지 못하고 있다. 남들의 시선이 두렵고 아웃사이더가 되고 싶지 않아서다. 그 때문에 꾹 참으며 따분한 대화와 무의미한 축복의 말을 반복하고 있다.

어쩌면 다 자라서 이미 성인이 되었음에도 여전히 어린애처럼 부모님의 보살핌을 받고 있을 수도 있다. 부모님은 당신이 밖에 나가지 않고 집에만 얌전히 있길 바라고 매일 일찍 귀가해 함께 저녁을 먹길 바란다. 하지만 부모님은 당신을 곁에 두려고만 할 뿐 당신과 어떻게 지내야 하는지는 모른다. 함께 집에 있어도 시시한 TV 프로그램만 멀뚱멀뚱 쳐다볼 뿐이고, 어쩌다 가족 간에 대화라도 나눠보려 하면 늘 다툼으로 끝이 난다. 외롭고 공허하고 숨이 막히지만 부모님은 가족이란 원래 함께 있는 것이고 그래야 행복하다고 당신을 세뇌시킨다.

당신은 부모님의 말을 거절할 수가 없다. 부모님의 실망스런 표정과 눈물을 대할 자신이 없고 그로 인해 찾아올 자괴감을 감당할 수 없기 때문이다. 하지만 바로 이때 우리는 심리적인 공간을 정리해야 한다.

이 책을 통해 인간관계를 바라보는 건전한 시선을 배우고, 합리적인 기대와 적당한 거리를 설정할 수 있을 것이다. 또한 관계 속에 자라고 있는 '종양'을 찾아 도려내어 나쁜 독소가 전이되기 전에 격리함으로써 암세포가 점점 퍼져 당신의 영혼까지 망가뜨리는 걸 막을 수 있을 것이다.

만족스럽지 않고, 전혀 도움이 되지 않으며, 무거운 부담을 지우고 구속하기만 하는 관계는 감정의 블랙홀이 되어 당신의 자아와 행복을 갉아먹는다. 그렇다면 용감하게 잘라내고 그 자리를 비워야만 한다. 그래야 새로운 관계와 경험이 들어와 당신의 인생을 더욱 풍요롭게 하고, 당신을 더욱 성장시킬 수 있다.

이 책에서 배운 개념과 기술을 실생활에서 연습한다면 당신은 미소가 많아지고 시간이 여유로워지며 더욱 건강해질 것이다. 하지만 그보다 중요한 사실은 더욱 자유로워지고 삶의 질을 높일 수 있다는 것이다.

우리에게는 깨끗한 집뿐 아니라 내면의 차분함 역시 필요하다. 심리적인 공간에 과거의 관계를 쌓아놓지 말라. '참을 수 없는' 관계는 서로의 행복을 가로막을 뿐이다. 인간관계를 대청소하고 이제야말로 내게 맞는 사람이 들어올 자리를 마련하자.

3부
관계 정리 전, 마음 다지기

4부
관계 정리를 시작하다

1부

이런 관계라면 정리하세요

한번 맺은 관계는 영원하다는 환상

관계가 변했음을 인정하고 받아들여라

떠올리면
한숨만 나오는 관계

"이제 저도 성인이고 직장도 다니는데 엄마는 아직도 밤 10시 통금 시간을 고수하고 있어요. 외박도 안 되고 통금 시간을 어겨서도 안 돼요. 회사에서 회식을 하거나 고객을 접대하느라 늦어도 엄마는 전혀 이해해주지 않아요. 휴일에 외출도 못 하고 집에만 있어야 해요. 밖에 나가봤자 쓸데없이 돈이나 쓴다면서 못 나가게 해요. 엄마는 인간관계를 허무하고 위선적인 것이라고 생각해요. 진짜 내 편은 가족밖에 없대요. 전 엄마에게 붙잡혀 집이라는 새장 속에 갇혀버린 새 같아요. 아무 데도 갈 수가 없어요."

"시어머니는 우리가 매주 아들을 데리고 시댁에 가서 함께 식사하길 바라세요. 어쩌다 조금 늦으면 부모가 아이에게 모범을 보이지 못한다고 잔소리를 하세요. 밤에 늦게 자니까 아침에 늦잠을 자고, 그러니까 아이가 저렇게 마르고 키도 작은 거라고요. 그게 아니라고 해명하려 해도 듣지 않고 계속 똑같은 말만 하세요. 귀를 틀어막고 당장 자리를 박차고 돌아와 버리고 싶어요. 하지만 그랬다가는 더 큰 소란이 벌어질 거라는 걸 아니까 그럴 수가 없어요. 남편에게 위로받고 싶지만 그는 늘 나더러 참으라고만 해요. 연세 드신 어머니가 노파심에 몇 마디 하시는 거지 악의는 없으니까 괜히 분란 만들지 말라고요. 하지만 이 일 때문에 난 점점 지쳐가고 있어요."

"남편은 아이를 등교시킨 적도, 아플 때 병원에 데려간 적도 없어요. 아이는 늘 내 몫이에요. 내가 너무 바빠서 남편에게 도움을 청하면 남편은 늘 이렇게 말해요. '아이가 내 말을 듣지 않아. 울면서 엄마만 찾는다니까? 내가 가봤자 소용이 없어.' 남편에게 정말 묻고 싶어요. 이 아이가 누구 아이냐고. 왜 그렇게 남의 집 아이 얘기하듯 하는지 이해할 수 없어요."

"그 친구는 자기 기분이 안 좋을 땐 내가 같이 있어 주길 바라면서 내가 도움을 청하면 요리조리 핑계를 대며 거절해요. 우리가 친구 사이가 아니라 공주와 시녀 사이인 것 같아요."

"내게 잘해주는 친구가 있어요. 처음 사업을 시작했을 때 그 친구가 물심양면으로 도와주었어요. 정말 감동했지요. 그런데 시간이 갈수록 그 친구가 내 주위 사람들을 못마땅하게 여기기 시작했어요. 내 앞에서 주변 사람들을 욕할 때마다 중간에 있는 내 입장이 난처해 죽겠어요. 그의 간섭에서 벗어나고 싶지만 그 친구의 도움을 받지 못하면 사업이 어려워질까 봐 두려워요. 거리를 둘까도 생각해봤는데 은혜를 모르는 사람이라고 비난받을 것 같았어요. 친구 관계가 이미 변했다는 걸 알지만 그와의 관계를 끊을 수가 없어요."

이런 비슷한 상황을 경험해본 적 있는가? 떠올릴 때마다 저절로 한숨이 나오는 사람이 있는가? 그 상대와 소통하려고 여러 가지 방법을 사용해보았지만 문제가 해결될 기미가 보이지 않아 속을 끓이고 있는가?

관계 안에서 발생하는 갈등은 몸에 생긴 작은 염증과 같다. 처음에는 별로 아프지 않아서 대수롭지 않게 여기며 참고 넘기다가 다툼이 잦아지면서 상처에 고름이 생기고 통증이 심해지면 그제야 해결 방법을 찾아 나선다. 하지만 그때는 이 관계에서 자신이 얻는 이득까지 사라지진 않을까 하는 두려움이 생겨난다. 치료 과정에 따라오는 부작용을 견딜 수 없을까 봐 걱정하는 것이다. 그리고 여기에 먼저 관계를 깨뜨렸을 때 느낄 수밖에 없는 죄책감까지 더해지면 이러지도 저러지도 못한 채 속앓이만 하게 된다. 하지만 이런 문제를 빨리 해결하지 않고 질질 끌면 상처가 악화되어 종양으로 자라난다. 이 종양이 당신의 마음속에서 비정상적으로 몸을 키우며 에너지를 빨아먹는다. 그리고 결국에는 행복을 갉아먹고 당신을 고통의 나락으로 떨어뜨리는 암 덩어리로 변하고 만다.

이별 권하지 않는
사회

다른 사람과 관계 맺는 순간 우리는 두 가지 신분을 갖는다. 하나는 '나(I)'이고 다른 하나는 '우리(us)'다. '우리' 중에는 비교적 가까운 관계도 있고 상대적으로 먼 관계도 있다. 이렇게 다양한 관계가 씨줄과 날줄처럼 얽히고 이어지며 당신과 이 세계의 거리가 결정된다.

　이론상으로는 이 두 가지 신분을 모두 고려해 균형적인 관계를 맺어야 한다. 때로는 '우리'보다 '나'가 더 중요하다. '나'를 먼저 돌본 뒤에야 타인에게 사랑을 쏟을 수 있다. 어떤 사람은 "자기 자신을 사랑할 줄 모르면 누구와 사귀어도 떠돌이일 뿐이다"라고 말하기도 한다. 하지만 우리가 살고 있는 동양 문화권에서는 일단 어떤 관계 속에 들어가면 '나'는 사라지고 '이렇게 행동하면 그가 나를 어떻게 생각할까?' '내가 말을 듣지 않으면 그 사람이 속상해하지 않을까?' '다른 의견을 말하면 사이가 틀어지지 않을까?'라는 생각이 더 앞선다. 순수하게 '자신'을 먼저 생각하지 못하고 늘 타인의 감정에 마음을 쓰고, 이렇게 행동하면 이기적이라는 꼬리표가 붙지 않을까 노심초사한다.

한번 시작된 관계는 편도 열차처럼 계속 이어지길 기대하고 점점 깊어지고 서로를 신뢰할 수 있길 바란다. '후퇴'나 '일시 정지'를 좀처럼 받아들이지 못하며 '이별'이나 '절교'를 몹시 걱정하고 두려워한다. 치정으로 인한 살인 사건이나 헤어지자는 연인에게 폭력을 가한 사건들이 빈번하게 뉴스에 오르내리는 것도 결국 이 때문이다. 우리 사회 전체가 '분리'를 초조하고 불안한 무엇으로 받아들인다. 이 사실을 보여주는 가장 뚜렷한 증거가 바로 죽음에 관한 이야기를 터부시하는 분위기다.

아무리 튼튼한 물건도 오래되면 낡고 닳아 없어지는데 하물며 날마다 변하는 사람이야 어떻겠는가? 인생에서 겪고 넘어가기 마련인 단계마다 생각이 바뀌고 필요한 것이 달라지며, 이것이 인간관계를 시험에 들게 하는 시련이 된다.

관계가 변하는 것은 계절이 변하는 것과 같다. 시간의 흐름에 따라 관계 역시 변화한다는 사실을 인정하지 않고 포숙아(鮑叔牙)와 관중(管仲)의 우정처럼 평생 변치 않는 관계만을 기대한다면 오히려 이런 집착이 관계 맺은 사람 모두에게 더 큰 상처를 남길 것이다. 여름이 지나갔음에도 무더위가 가시지 않거나 겨울이 지나갔음에도 혹한이 계속되면 인간에게 피해와 고통을 주는 것과 같다.

과거의 관계에
집착하는 사람들

예전에 한 기업가가 이런 이야기를 한 적이 있다. 자신이 막 창업했을 때 한 친구가 물심양면으로 도와준 덕택에 사업이 순조롭게 자리 잡을 수 있었다. 도움에 보답하기 위해 그 친구의 회사와 납품 계약을 맺고 제품을 구매했다. 그런데 양쪽 회사 모두 경영 전략에 변화가 생기면서 그 친구의 회사 부품이 성능과 품질 면에서 타 업체에 비해 뒤처지기 시작했다.

이론적으로 생각하면 이 기업가는 친구와의 협력 관계를 새롭게 변화시켜야 했다. 하지만 사적인 이유로 감정을 앞세워 계약을 맺었기 때문에 끝까지 책임질 수밖에 없었다. 그는 친구에게 그의 제품에 어떤 문제가 있는지 알려주거나 자세히 대화를 나누지 않았고, 차일피일 미루다가 문제가 생기는 바람에 결국 적잖은 위약금을 물어주어야 했다. 이 일로 인해 두 사람의 우정이 깨졌을 뿐 아니라 친구에게 자기까지 애꿎은 피해를 입었다는 원망을 들어야 했다.

이 관계가 계속 이어지지 못한 까닭은 시간이 흐르면서 두 사람의 역할이 변했다는 사실을 깨닫지 못했기 때문이다.

친구라는 관계에 사업 파트너라는 관계가 추가되면서 사적인 감정뿐 아니라 사업적인 책임에도 관심을 쏟아야 했다. 기업의 사활을 책임져야 하는 기업가가 사적인 우정 때문에 계약을 체결하거나 납품

업체를 결정해서는 안 된다. 책임 있는 기업가라면 장기적인 안목을 갖고 기업의 이익을 최우선으로 놓은 채 최선의 결정을 내려야 한다. 그러다 보면 우정을 잠시 내려놓아야 할 때도 있기 마련이다. 따라서 둘 사이의 관계가 단순히 친구일 때와 똑같을 수는 없다.

학창 시절에 친했던 친구와 사회인이 된 뒤 멀어지는 경우도 이와 비슷하다. 서로 같은 것을 좋아하고 만나면 대화가 끊일 줄 모르던 친구들도 사회에 나가 각자 다른 분야에서 일하다 보면 관심사가 달라지면서 교집합이 점점 줄어들게 된다. 시간이 그들을 서로 다른 곳으로 데리고 가 새로운 경험을 선사하기 때문에 공통의 화제가 점점 줄어들고 그 자리에 추억만 남는다. 이 사실을 받아들이지 못하고 학창 시절과 똑같이 친구를 대하려 하면 서로 부담스럽고 스트레스만 커질 뿐이다.

혈연관계에서도 마찬가지다. 인간에게는 살면서 마주치는 단계마다 이뤄야 할 성장 과제가 있다. 과제를 해결하고 성장하며 자연스럽게 관계도, 주변 사람들과의 거리도, 소통 방식도 달라져야 한다. 가장 두드러진 것이 부모와 자녀의 관계 변화다. 아이가 자라면 또래 집단에 들어가고 자기만의 인간관계를 구축하며 개인의 적성 및 재능을 탐색해야 한다. 부모가 이 사실을 받아들이지 못하고 자녀가 어릴 때처럼 가족 안에 머물러 있기를 바란다면 서로 괴로워질 뿐이다.

시간이 흐르면 아이의 생활도 변화한다. 어릴 때는 그저 가족의 일원일 뿐이지만 성장하면서 점점 새로운 친구 및 선후배를 만나고 그들에게 인정받고 호감을 얻길 바란다. 그러면서 아이의 자아관념이 강해지고 논리와 가치관이 형성된다. 따라서 어릴 때처럼 부모의 말을 무조건 따르고 순종하지 않게 된다.

부모가 이런 변화를 거부한 채 예전처럼 아이를 통제하려 하고, 자녀가 어떤 결정을 내리든 무조건 부모의 동의를 받아야 한다고 강요한다면 자녀의 자아는 천천히 말라 죽어갈 것이다. 또한 자녀는 부모와의 관계를 족쇄로 여길 것이다.

변화한 관계에
적응하지 못했을 때

노벨문학상 수상자인 프랑스 작가 로맹 롤랑은 "우리가 가만히 있어도 시간은 흐른다. 세월의 흐름은 우리가 붙들고 싶은 환상까지도 모두 가져가 버린다"라고 말했다. 가족, 연인, 친구, 동료 등 어떤 관계든 '시간'이 흐르면서 셀 수 없이 많은 변화와 도전에 맞닥뜨린다. 역할, 환경, 경험, 의무, 기대, 관심 등 모든 것이 변화하고 그 때문에 관계도 다양한 질적 변화를 겪는다. 이 사실을 받아들이지 않고 처음 만났던 순간에 머문 채 똑같은 방식으로 관계를 맺으려 하면 갈등이 생길 수밖에 없다.

사람과 사람의 관계란 가느다란 밧줄 위에서 줄타기를 하는 것과 같다. 한 걸음 한 걸음 내딛을 때마다 조심스러워야 하고 균형을 유지해야 한다. 균형을 잡으려면 끊임없이 몸을 움직이며 여러 요소를 조정해야 한다. 가만히 선 채로 정지해 있으면 오히려 떨어지기 쉽다. 이처럼 균형을 유지하지 못하는 관계는 성장을 가로막고 행복을 망가뜨리는 올가미가 된다.

밍위안(明遠)은 어릴 적부터 말을 잘 듣는 아이였다. 모범생이었던 그는 부모님의 기대에 맞춰 전기학과에 진학했고, 대학 졸업 후 IT 기업에 연구원으로 취직했다. 그리고 얼마 지나지 않아 부모의 중매로 만난 초등학교 교사와 결혼해 두 아이를 낳았다. 하지만 업무가 많아지고 스트레스가 쌓이면서 육체적, 정신적으로 지쳐갔고 아내와의 관계도 점차 소원해졌다.

밍위안은 업무량이 좀 더 적은 직종으로 옮겨 가족들과 더 많은 시간을 보내고 싶었으나 부모님이 허락하지 않았다. 부모님은 남들이 부러워하는 안정적인 직장을 그만두면 금세 후회할 거라며 아들을 설득했다. 남자는 밖에서 열심히 일해 돈만 벌어오면 그만이고 육아는 모두 아내 일이라고도 말했다. 게다가 부모님이 아내에게 밖에서 힘들게 일하는 남편을 이해하라고 잔소리하는 바람에 부부싸움이 잦아졌다. 밍위안은 부모의 말을 어길 수 없었고, 자신의 가족을 지키기 위해 부모와 관계를 끊는 건 더더욱 할 수가 없었다. 결국 그는 아내의 단호한 요구에 못 이겨 이혼했고 인생에서 가장 큰 후회를 남기고 말았다.

모범생에 번듯한 직장에 다니며 남부럽지 않은 가정을 꾸린 밍위안이 어째서 가족 관계에 실패한 것일까? 표면적인 이유는 '회사를 그만두지 못해서'이지만 진정한 이유는 시간이 흐르면서 변화한 역할에 적응하지 못한 것이다.

결혼하기 전 밍위안의 판단 기준은 부모였다. 부모가 좋아하는 일이라면 아무리 힘들어도 기꺼이 해냈다. 하지만 결혼 후 그는 자신에게 아들의 역할만 있는 것이 아니라 누군가의 남편이자 아버지이기도 하다는 사실을 알았다. 돈을 벌어다 주는 사람에 불과한 것이 아니라 아내, 아이들과 정서적으로 더 많이 교류하는 남편이자 아버지이고 싶었다.

시간이 흐르면서 밍위안은 부모 말을 잘 듣는 착한 아이에서 아내와 아이들의 정신적 기둥이 되었지만 그의 부모는 이 사실을 깨닫지 못하고 그저 아들을 향한 자신들의 기대를 충족시키기에만 급급했다. 아들의 역할이 변하고 삶의 단계가 달라졌음에도 부모가 아들을 대하는 방식은 그에 맞게 바뀌지 않았고 기존 방식 그대로 아들을 통제하려고만 했다. 이것이 관계를 경직시키고 갈등을 일으킨 원인이다.

그 순간 밍위안 앞에 놓인 문제는 단순히 소통을 통해 해결할 수 있는 것이 아니었다. 그에게 필요한 건 관계를 적당히 자를 수 있는 용기였다. 더는 부모의 기대에 무조건적으로 따를 수 없음을, 부모의 기대에 부응하기 위해 자신의 행복을 포기할 수 없음을 깨닫고 우울한 고민을 털어낸 뒤 부모와 심리적으로 거리를 두어야 했다. 그래야만 복잡하게 어지럽혀진 심리적 공간을 정리하고 마음속에서 부모의 위치를 새롭게 조정해 아내와 아이들이 들어올 자리를 마련할 수 있었다. 하지만 그는 그렇게 하지 못한 채 결혼 생활이 깨지고 아이와의 관계가 무너지는 것을 속절없이 지켜봐야만 했다.

관계가 변화하는 진짜 이유는 표면적인 문제나 사건 때문이 아니라 시간이 흐름에 따라 여러 가지 환경과 신분이 변화하기 때문이다. 사람의 신분이 바뀌면 기존 방식으로는 더 이상 관계를 유지할 수 없으며 새로운 방식을 찾아야 한다. 하지만 이때 관계에 속한 누군가가 변화를 받아들이지 않으면 그 관계는 삐걱거리기 시작한다.

때로는 포기와 이별이 필요하다

세상에서 유일하게 변하지 않는 건 '세상 모든 것이 변한다는 사실'뿐이라는 말이 있다. 이 모든 변화의 근본적인 원인은 바로 '시간'이다.

시간은 아이가 자라 어른이 되게 하고, 연인이 만나 사랑하게 하며, 회사가 생겨나 발전하게 한다. 이처럼 시간은 모든 것을 성숙하게 만들지만 한편으론 쇠퇴를 예고하기도 한다. 시간은 사람을 점점 노화시키고 상처받아 눈물짓게 하며, 모든 것이 쇠퇴하고 소멸하는 것을 묵묵히 지켜본다. 물론 관계도 예외가 아니다.

관계가 사람을 힘들게 하는 이유는 대부분 사람 자신이 가진 문제 때문이다. 시간이 흘렀음을 깨닫지 못한 채 처음 기억만 부여잡고 평생 똑같은 관계가 유지되길 바라거나 관계에 속한 사람에게 변화가 생겼음을 부정하고 모른 척하기 때문에 결국 자신과 타인 모두에게 후회와 상처를 남긴다. 관계를 맺을 때 시간이라는 요소를 포함시켜야만 적절하게 관계를 조절하고 변화시킬 수 있다. 때로는 포기나 이별이 필요할 때도 있다. 이별을 너무 두려워하거나 배척할 필요는 없다. 단순히 서로 좋아하고 안 좋아하고의 문제가 아니라 한 생명이 다음 단계로 나아가기 위해 반드시 치러야 하는 과정이다.

열매가 잘 영글면 자신을 길러준 나뭇가지를 떠나야 하는 것과 같다. 나무에 주렁주렁 달린 열매가 다 익었는데도 떨어지지 않고 매달린 채 계속 나무의 양분을 빨아먹는다면 나무는 열매의 무게를 견디지 못하고 휘어질 것이다. 광합성을 제대로 하지 못해 시들어가다 결국에는 열매와 나무가 함께 그 자리에서 썩어버린다.

시간은 관계를 성장시키지만 갈등과 부담을 만들기도 한다. 시간의 흐름과 변화를 인정하지 않으면 관계 속에서 종양이 점점 자라나 우리의 행복을 괴사시킬 것이다.

나는 맞고
너는 틀리다

타인이 만족하는 인생이 반드시 내가 바라는

이상적인 인생인 것은 아니다

우리 모두에게는
각자의 입장이 있다

원만하게 잘 지내던 두 사람이 점점 멀어지는 경우가 있다. 시간 외에도 관계를 변화시키는 요인이 한 가지 더 있다. 바로 '입장' 차이다. 입장이란 각자의 신념, 기대, 필요, 가치관 등 모든 유무형의 개인적 관점과 태도를 의미한다. 집을 사고팔 때를 예로 들어보자. 집을 사는 입장에서는 싼 가격에 살수록 좋지만 파는 입장에서는 비싸게 팔수록 좋다. 양쪽의 입장이 대립되지만 누가 옳고 누가 그르다고 말할 수 없으며 강요할 수 있는 일도 아니다. 어느 한쪽이라도 불공평하다고 느끼거나 원치 않으면 거래가 성사되지 않는다. 양쪽 모두 자기 마음에 드는 상대를 찾을 권리가 있다. 틀린 사람에게 옳은 답을 찾으라고 강요할 수 있는 문제가 아니다.

양쪽이 자신이 원하는 바를 정확히 알고 있을수록 적극적인 흥정이 가능하고 자신의 생각을 말하거나 상대의 요구를 거절하는 걸 두려워하지 않는다. 상대가 고의로 자신을 골탕 먹이려 하거나 자기 요구를 거절하는 것이 아님을 두 사람 모두 알고 있기 때문이다. 누구도 상대의 기대를 무한정 충족시켜줄 필요 없고, 상대에게 자기 의견에 맞추라고 강요할 수도 없다. 그렇기 때문에 양쪽 모두 만족하는 관계가 형성될 수 있다.

그런데 사람들은 사적인 관계에서 자신과 입장이 다른 사람을 대할 땐 그렇게 하지 못하는 것 같다. 관계가 자신을 힘들게 하는데도 무엇 때문에 그 게임의 법칙에서 빠져나오지 못하는 걸까?

이것은 옳고
그름의 문제가 아니다

관화(冠華)는 드라마제작업체의 관리자이고 리훙(力泓)은 그와 일한 지 3년 된 팀원이다. 관화는 리훙이 입사 면접 때 했던 말을 기억하고 있다. 그때 리훙은 열정이 충만한 표정으로 자신을 채용해준다면 연봉 액수와 상관없이 회사에 뼈를 묻을 각오로 열심히 일하겠다고 말했다. 관화는 리훙의 포트폴리오를 보고 그의 재능을 높이 평가해 합격시켰다.

하지만 함께 일하면서 두 사람 사이에 의견 충돌이 잦아졌다. 관화는 시청률이 높을수록 좋은 작품이라고 생각했다. 시청자들이 좋아해야 투자금을 회수할 수 있기 때문이다. 하지만 리훙은 너무 상업적인 드라마는 작품성이 떨어지고 수준이 낮다고 생각했다. 오로지 시청률 올리기에만 급급하면 트렌드를 이끌 수 없다는 것이 그의 신념이었다.

관화도 리훙의 고집은 인정했지만 중간관리자인 그의 입장에서는 위로는 경영진이 있고 아래로는 다른 직원들이 있기 때문에 수익이 나지 않는 일만 계속 할 수는 없었다. 반대로 리훙은 관화가 좋은 자원을 갖고 있음에도 모험을 두려워하고 과감하게 혁신하지 못해 자원을 낭비하고 있다고 생각했다. 아무리 대화를 많이 나누어도 두 사람이 평행선처럼 팽팽하게 대립해 의견 차이가 좁혀지지 않았다.

당신은 누구의 입장에 동의하는가? 상사인 관화의 부담감에 더 동감하는가 아니면 실무자인 리훙의 고집과 자존심을 더 높이 평가하는가?

이는 이분법으로 답할 수 있는 문제가 아니다. 관화의 입장에서만 본다면 리훙에게 일을 폭넓게 바라보는 시각을 가지라고 말해야 할 것이다. 이상이나 신념, 열정, 영혼 따위는 내던지고 오로지 수익을 내기 위해서만 일하라고 말이다. 하지만 그런 마인드로는 훌륭한 작품을 만들어 새로운 시장을 개척하고 회사의 명성을 높일 수 없다.

반대로 리훙의 입장에 서서 회사의 경영 상황이나 수익에 대한 부담감은 무시한 채 예술적 완성도만 추구한다면 어떻게 될까? 투자자에게 수익을 안겨주지 못하면 무슨 돈으로 예술성 높은 작품을 제작할 수 있단 말인가?

세상에는 절대적으로 옳은 일도, 무조건적으로 틀린 일도 없다. 모든 일은 어떤 입장에서 바라보느냐에 따라 달라지며 자기 결정에 책임질 수 있느냐가 성숙도를 판단하는 기준이 된다.

만약 리훙이 회사 입장에 맞춰 고집을 꺾고 원치 않는 드라마를 만들면서 자가 일에 흥미를 잃고 열정을 쏟을 수 없게 된다면, 그 회사가 자기 이상에 맞지 않는다는 사실을 인정하고 하루빨리 퇴사해 꿈을 실현할 수 있는 곳에서 일하는 편이 낫다. 그렇게 한다면 지금의 경험이 오히려 훗날의 창작 활동에 좋은 양분이 될 것이다. 또한 관화의 입장에서도 리훙이 도저히 회사의 방향에 맞출 수 없다면 회사를 위해 리훙에게 퇴사를 권유할 수 있다. 서로 누가 옳고 그른지를 두고 충돌할 게 아니라 입장이 다르다는 사실을 인정한다면 이 방법이 양쪽 모두에게 최선이 될 수 있다.

이별이 여러 가지 변화를 가져오겠지만 멀리 내다보면 자신이 어떤 사람인지 알고, 인간관계를 원만하게 유지하기 위해 자기 생각을 억누를 필요가 없다는 사실을 깨닫는 계기가 될 수도 있다. 생각이 다른 사람들이 함께 있음으로써 서로에게 고통을 안겨줄 뿐이라면 일찍 그 사실을 인정하고 서로의 미래를 축복해주는 것이 더 나은 선택이다.

'타인의 기대'와
'자기정체성'이 충돌할 때

가족과 입장이 달라 갈등이 생긴 경우라면 상황이 더 복잡해진다.

윈팅(芸亭)은 착하고 공부도 잘하는 모범생이었다. 교사인 그녀의 부모는 딸도 교사가 되어 순탄한 인생을 살길 바랐다. 하지만 책을 좋아하는 그녀는 어려서부터 직접 이야기를 짓고 소설을 쓰곤 했다. 그녀는 중문과에 진학하고 싶었지만 부모는 취직하기 어렵다며 강하게 반대했다. 그녀는 부모님을 실망시키지 않으려고 교육 관련 학과에 진학했으나 공부에 흥미를 느끼지 못했다. 대학을 졸업한 뒤에 또다시 어려운 교사 임용고시를 치러야 한다는 생각만 하면 더 우울해졌다. 점점 집에 들어가기 싫어하고 부모의 잔소리를 못 견뎌 하더니 급기야 자해를 시도하기에 이르렀다.

심리학자들은 이런 입장 차이를 '타인의 기대'(부모)와 윈팅의 '자기정체성(self-identification)'의 차이로 해석한다. '타인의 기대'란 내 행위에 대한 타인의 생각, 즉 무엇이 옳고 그른가에 대한 판단이다. 반면 '자기정체성'이란 내가 자기 자신을 바라보는 관점이다. 다시 말해 스스로 만족감이나 가치를 느낄 수 있는 조건 및 기준을 의미한다.

부모는 윈팅이 열심히 공부해서 교사 임용고시를 통과해 평범하고 안정적인 교사로 살기를 기대했지만 윈팅은 소설가가 되어 재능을 발휘하며 감동적인 이야기를 쓰고 싶어 했다.

둘의 입장 차이가 클 때 대부분은 관계 속에서 권력이 약한 사람이 내적 갈등을 겪는다. 윈팅도 그랬다. 열심히 공부해서 교사가 되어 부모의 생각이 옳다는 걸 증명할 수 없지만 학업을 포기한 채 되는 대로 살고 싶지도 않았다. 결국 그녀는 출구가 보이지 않는 감정의 줄다리기를 견디지 못하고 자해를 통해 내면의 고통을 발산시킬 수밖에 없었던 것이다.

부모와 대화를 나누어도 입장 차이를 좁히지 못하자 윈팅은 선택의 기로에 놓였다. 자기정체성을 포기하고 부모와의 관계를 유지할 것인지, 당장은 부모의 이해를 받지 못하더라도 용감하게 자신의 길을 갈 것인지 선택해야 했다. 인생 전체가 걸린 선택이기에 쉽게 결단을 내릴 수가 없었다.

적절한 시기의 반항과 분리가 당장은 커다란 갈등과 마찰을 일으키겠지만 치열한 토론을 거쳐야만 서로가 진정으로 원하는 것이 무엇인지 알 수 있다. 충돌이 두려워서 꾹꾹 참으며 표면적인 평화를 유지한다면 결국에는 가장 소중한 인생의 주도권을 놓쳐버리고 만다.

『겉으로만 가까운 관계(假性親密關係)』라는 책의 저자 스슈슝(史秀雄)은 "고통스러운 관계에서 도망치는 것은 악어에게 다리를 물린 것과 같다. 다리를 포기하겠다는 결심이 없으면 목숨을 잃게 된다"고 말했다. 극단적인 비유 같지만 동양 문화권에서 자라는 아이들에게 꼭 필요한 충고다. 인간관계가 너무 많은 것을 제약하는 사회에서 자란 우리들은 타인의 기대를 내면화하고 자신이 진정으로 바라는 것을 억누른 채 남들이 간 길을 따라가기 쉽다. 학교를 졸업한 뒤 사회에 나가 취직하고 결혼하고 아이를 낳아 기르는 등 남들과 똑같은 척 살아가며 그 속에서 안정감과 귀속감을 얻는다.

하지만 타인이 만족하는 인생이 반드시 자신이 바라는 이상적인 인생인 것은 아니다.

인생의 주도권을 되찾기 위해 치러야 할 대가

어떤 관계든, 설령 뜨겁게 사랑하는 연인 관계라 해도 서로의 차이를 발견할 수밖에 없고 시간이 흐를수록 그 차이는 점점 커지게 된다. 하지만 시간이라는 요인이 더해져야만 두 사람이 관계 속에서 공간을 만들어낼 수 있고 그래야 일정한 거리를 유지한 채 서로의 진정한 모습과 차이를 볼 수 있다. 차이를 발견해야만 당신도 상대가 자신과 다르다는 사실을 이해하고 각자의 개성과 취향을 정확하게 알 수 있다.

이렇게 상대의 진정한 모습을 인정하고 당신 또한 상대에게 받아들여질 때 비로소 당신에게도 상대의 마음에 들기 위해 자신의 본모습을 바꾸려 하지 않고 자기만의 독특함을 지키겠다는 자신감이 생긴다. 또 그래야만 당신이 이 관계 속에서 용감하게 자신을 위한 선택을 내리고 그 선택에 책임질 수 있다. 관계 안에서 독립적인 개체가 되어야만 자신을 위한 선택 때문에 상대를 잃을까 봐 두려워하지 않을 수 있다.

바꿔 말하면 시간과 차이는 관계가 깨지는 원인이 아니다. 반대로 시간과 차이가 존재해야만 양쪽 모두 진정으로 독립적이고 자유로운 사람이 될 수 있다.

관계가 깨지는 진짜 원인은 표면적인 갈등이나 충돌이 아니라 우리가 우리 자신을 받아들이지 못하거나 타인이 우리에게 어떤 모습을 강요하는 것이다. 윈팅이 부모가 원하는 모습대로 자신을 바꾸었을 때 겉으로는 부모와 평화롭고 원만한 관계가 유지되었지만 사실 그녀의 마음속에는 부모를 향한 분노가 내재되어 있었다.

이런 감정을 잘 처리하지 못하면 그녀는 앞으로 사회에 나가 좌절을 겪을 때마다 부모가 자신을 이렇게 만들어놓았다고 원망할 것이다. 결국 부모와 원만한 관계를 유지할 수도 없고 진정한 자기 인생을 살 수도 없게 된다. 인생의 마지막에 가서 그 어느 쪽도 얻지 못할 바에야 지금 용기 내 자신의 길을 선택하는 것이 낫다. 그렇게 한다면 최소한 자기 자신은 지킬 수 있을 것이다.

이론적으로 보면 건전한 관계에서는 그 관계에 속한 모든 사람이 먼저 자기정체성을 찾은 뒤 천천히 타인의 기대에 부응하며 그 사이에서 균형점을 찾는다. 하지만 동양 문화권에서는 타인의 기대가 자기정체성보다 앞서는 경우가 비일비재하다. 우리 스스로 남들과 다르게 보이는 것을 두려워하고 타인의 기대를 만족시키는 데 급급해 자신에게 필요한 것이 무엇인지 잊어버린다.

우리 사회에서는 '특이함'이라는 단어가 그리 긍정적으로 쓰이지 않는다. 그 속에 위험하고 이기적이라는 뉘앙스가 담겨 있다. 반대로 '똑같음'이란 안전함을 의미한다. 그래서 거의 모든 사람이 서로 단단히 연결되어 함께 일하고 똑같은 평등을 추구한다. 이런 분위기에서 시간이 만들어내는 것은 자유와 독립이 아니라 족쇄이고, 자아는 관계의 족쇄에 걸려 천천히 질식해 사라진다. 우리 마음속에 수많은 '가짜 타인'들만 득실거릴 뿐 정작 '진짜 자신'은 거의 없다.

비록 관계의 부담을 떨쳐내기가 쉽지 않고 죄책감과 자괴감이 우리를 괴롭히지만 그건 앞날에 펼쳐질 긴 행복을 위한 일시적인 고통이다. 태아와 엄마가 아무리 단단하게 연결되어 있어도 아이가 열 달을 채우면 엄마 배 속을 떠나 세상으로 나가야 하는 것과 같다. 고통스런 탄생의 과정처럼 이별의 고통은 새로운 앞날을 맞이하기 위해 거쳐야 하는 하나의 과정이다.

굳은 결심과 고통을 감내하는 용기가 있어야만 '공생'에서 '개체화'를 향해 나아갈 수 있다.

'심리적 공간을 정리하는 것'은 우리를 힘들게 하는 내면의 신념을 정리하고 무조건적으로 타인의 요구에 맞추기를 거절하는 것이다. 매번 모든 관계를 완전히 끊을 필요는 없지만 자신을 불편하게 만드는 기대를 떨쳐낼 용기는 필요하다. 그래도 상대가 존중해주지 않는다면 헤어짐은 자기 인생의 주도권을 찾기 위해 치러야 하는 대가다.

이것도 저것도
놓을 수 없다

**나에게 진짜 필요한 관계, 내가 감당할 수 있는 관계,
나를 발전시키는 관계는 무엇일까?**

이별이 필연임을
아는 일

애니메이션 「센과 치히로의 행방불명」에 이런 말이 나온다.

"인생은 무덤으로 가는 기차다. 가는 동안 수많은 역을 만나고 누구도 처음부터 끝까지 모든 여정을 함께할 수 없다. 동행하던 사람이 기차에서 내려야 할 때가 되면 떠나보내기 아쉽겠지만 고마워하며 작별해야 한다."

대수롭지 않은 말 같지만 사람과 사람의 관계가 영원할 수 없다는 심오한 이치를 알려준다. 헤어짐은 인생에서 반드시 거쳐야 하는 과정이다.

누군가 우리 앞에 나타나는 건 우리에게 중요한 일을 가르쳐주기 위함이다. 배신을 가르쳐주려는 것일 수도 있고, 정직함을 알려주려는 것일 수도 있으며, 헌신이나 용기를 알려주려는 것일 수도 있다. 한 가지 일이 끝나고 나면 그들도 우리의 인생에서 떠나거나 조금 멀어진다.

관계의 변화나 단절이 필연임을 받아들이지 않는다면 우리 마음속에 너무 많은 사람이 들어와 무거운 짐이 될 수 있다. 집에 물건을 계속 들여놓기만 하고 내보내지 않으면 산더미처럼 쌓인 잡동사니가 사람의 생활을 마비시키는 것과 같다.

너무 많은 기대를 짊어지고 너무 많은 책임을 감당하려고 하면 관계라는 올가미에 갇혀 옴짝달싹할 수 없게 된다. 관계에 해를 끼치는 건 사실 우리 마음속에 뿌리내린 사람들이다. 그들이 만들어낸 관계의 종양이 아주 크게 자라날 수 있다. 관계 정리란 결렬이 아니라 적절한 시점에 잘라내지 못하면 생명의 양분이 알맞게 쓰이지 못해 사람이 점점 쇠약해진다는 사실을 아는 것이다.

효자가 되고 싶다는
자기중심적인 생각

샤오완(小皖)이 타인의 기대를 정리하지 못했다면 그녀는 지금 낯선

이의 한마디에 휘둘려 자기 인생을 살지 못하고 있을 것이다.

어느 날 샤오완과 그녀의 남편은 시어머니를 모시고 음식점에서 식사를 했다. 음식값을 계산하려는데 음식점 주인이 물었다.

"가족끼리 가오슝(高雄, 타이완 남서부에 자리한 항구 도시. 타이완에서 세 번째로 큰 도시다―옮긴이)에 놀러 오셨어요?"

샤오완은 의아했다. 조금 전 음식을 주문할 때 무심코 나눴던 대화를 주인이 기억하고 있었던 것이다. 샤오완이 친절하게 대답했다.

"아뇨. 우리 부부는 타이베이(臺北)에 살아요. 어머니를 뵈러 왔어요."

"시어머니와 따로 사세요? 다른 자식들이 어머니를 모시고 여기 가오슝에 사는군요?"

"아뇨. 어머니는 요양원에서 지내세요."

그 말에 음식점 주인이 놀란 표정을 지었다.

"이렇게 정정하신데 요양원에서 지내신다니……."

주인은 자신이 말실수했다는 걸 알았는지 얼른 입을 다물고 말끝을 흐렸다.

예전에 이런 말을 들었다면 샤오완은 변명하기 바빴겠지만 그날은 차분하게 이렇게 말했다.

"우린 시어머니가 요양원에서 지내시기로 한 게 정말 훌륭한 결정이었다고 생각해요."

샤오완은 그날 자신이 의아해하는 타인의 시선을 더는 두려워하지 않고 이 일을 차분하게 이야기할 수 있다는 사실을 처음 깨달았다. 더 중요한 건 질문에 대답하는 그녀의 말투가 단호해서 상대방이 더는 캐묻지 못했다는 점이다. 그녀는 담담하게 현실을 받아들이고 사회의 시선에 휘둘려 감당할 수 없는 미래를 억지로 떠안지 않았으며, 남들이 입으로만 떠드는 효도를 하기 위해 서로의 생활을 희생하길 거부했다. 하지만 이렇게 되기까지의 과정이 그리 순탄한 건 아니었다. 남편과 수없이 갈등을 겪고 줄다리기한 끝에 얻어낸 결과였다.

샤오완의 시어머니는 오래전 남편과 사별하고 혼자 세 자녀를 길렀다. 샤오완의 남편은 그녀와 연애하던 시절 누나 둘이 차례로 결혼해 집을 떠나자 외아들로서 어머니를 부양해야 한다는 사실에 부담감을 느꼈다.

다행히 그때는 어머니가 혼자서도 충분히 생활할 수 있을 만큼 젊었으므로 아들이 생업을 그만두고 고향에 내려가 어머니를 돌볼 필요까진 없었다. 그래도 남편은 죄책감 때문에 주말마다 몇 시간씩 차를 타고 고향 집에 다녀왔다.

그런 생활은 몇 년간 계속되었고, 결혼한 후에도 이어졌다. 물론 피곤하고 힘들었지만 시어머니와 함께 사는 것도 아니고 일주일에 한 번 다녀오는 것이었으므로 혼자 있는 시간을 좋아하는 샤오완은 그나마 다행스러운 일이라고 생각했다. 그래서 그녀는 주말마다 시댁에서 자는 것이 여러모로 편치 않았음에도 남편의 마음을 편하게 해주기 위해 좋은 며느리 역할에 충실했다.

하지만 불행하게도 어느 날 시어머니가 쓰러졌다. 때마침 출장 중에 어머니 집에 들렀던 남편이 곧바로 어머니를 응급실로 모시고 갔다. 검사 결과, 다행스럽게도 혈당이 불안정해 일시적인 현기증이 온 것이었다. 쓰러지시면서 경미한 타박상을 입긴 했지만 입원할 정도는 아니었고 다만 또다시 쓰러지지 않도록 조심해야 했다.

그 일을 계기로 부부는 어머니가 연로해 더는 혼자 사실 수 없다는 사실을 깨달았다. 비록 거동하는 데는 문제가 없지만 연세가 여든이 넘으면서 고혈압, 당뇨 같은 만성질환이 생기고 가스 불을 끄거나 문단속하는 것을 깜빡 잊는 일이 점점 많아졌기 때문이다.

집에 돌아온 남편이 어머니 문제를 상의했지만 두 사람 모두 생업을 포기하고 고향으로 내려갈 수는 없었다. 그렇다면 남은 건 시어머니를 부부의 집으로 모시고 올라와 함께 사는 방법뿐이었다. 남편은 더 큰 집으로 이사해 어머니를 모셔오고 싶다고 말하며 샤오완에게 동의를 구했다. 하지만 샤오완은 결정을 내리지 못하고 고민했다. 어머니를 모시고 사는 것이 자식의 도리를 다하기 위한 최선의 선택이라는 점은 이해하지만, 남편은 어머니와 함께 사는 것이 단순히 침대 하나 더 사고 젓가락과 그릇 하나만 더 놓으면 되는 일이라고 생각할 뿐 수많은 감정 노동과 서로의 생활습관에 적응하기 위한 노력이 필요한 일이라는 사실은 모르고 있었다.

샤오완은 시어머니에게 전문적인 진료가 필요하다는 점도 생각했다. 계속 오르는 혈당과 혈압을 조절하고 적극적인 사교 활동을 통해

치매를 예방할 필요가 있었다. 매일 열두 시간 가까이 밖에서 일하는 맞벌이 부부는 할 수 없는 일이었다. 그들이 쾌적한 주거 공간을 제공할 수는 있지만 스물네 시간 시어머니 곁을 지키며 정서적인 교류까지 해줄 수는 없었다. 그러면 시어머니는 친구도, 대화 상대도 없이 온종일 텅 빈 집에서 혼자 TV 앞을 지켜야 할 것이었다. 가사도우미를 고용한다 해도 크게 나을 것은 없고 경제적인 부담만 가중될 것 같았다.

몇 주 동안 고민한 끝에 샤오완이 남편에게 말했다.

"적당한 요양원에서 지내시게 하는 게 정말로 어머니를 위한 길인 것 같아."

남편은 동의하지 않았다. 남편은 어머니를 요양원에 모시는 것이 어머니를 버리는 것과 다를 바 없다고 생각했다. 샤오완이 아무리 설명해도 들으려 하지 않았고, 부부 사이가 점점 냉각되었다. 하지만 샤오완은 포기하지 않고 인내심을 가지고 설득했다.

"아직 어머니를 집에 모셔오지 않았는데도 차분한 대화가 불가능한데 어머니를 모셔온 뒤에는 부담이 더 커질 거야. 당신은 어머니의 건강과 고부 관계뿐 아니라 우리 둘 사이의 갈등까지 감당해야 할 테니까. 우린 완벽한 사람들이 아니야. 모든 일을 이성적으로만 처리할 수 없다고. 효자, 효부가 되어야 한다는 고집만 앞세우다가는 우리끼리 감정이 상하고 관계가 틀어질 수 있어. 그게 어머니가 바라는 일일까? 효자가 되고 싶다는 고집이 자기중심적이라는 생각은 안 해봤어? 어떻게 해야 어머니가 존엄을 지키며 여생을 사실 수 있을지 어머니 입장에서 생각해봐. 당신이 행복해지길 바라는 게 당신 자신이야, 어머니야 아니면 우리 가정 전체야?"

그날 밤 침실에 들어오지 않고 서재에서 혼자 잔 남편은 다음 날 어머니에게 이 방법에 대해 이야기했다. 아들의 말을 들은 시어머니는 다른 이야기는 하지 않고 "젊은 사람들이 좋다면 좋은 거지"라고만 말했다. 샤오완은 너그럽게 긍정적으로 이해해준 시어머니에게 고마워하며 남편과 함께 어머니 집 근처에 있는 적당한 요양원을 알아보았다. 어머니 친구나 가족들이 자주 찾아갈 수 있고 어머니도 안정감을 느낄 수 있도록 어머니의 집에서 그리 멀지 않은 곳을 선택했다.

시어머니가 입원하는 날 샤오완과 남편이 함께 가서 수속을 밟았다. 시어머니께 인사하고 돌아 나올 때 남편은 눈시울을 붉히며 시어머니를 똑바로 쳐다보지 못했다. 그걸 보고 그녀는 자신이 잔인하게 모자 사이를 갈라놓은 건 아닌지 생각했다. 갑자기 마음이 약해져 입원 수속을 취소할 뻔했지만 꾹 참았다. 친척들의 수군거림과 비난을 감수하더라도 최소한 1년은 시어머니를 요양원에서 지내시게 한 뒤에 정 힘들면 다른 방법을 찾아보기로 했다. 부부는 어머니가 새로운 환경에 적응하고 남편도 안심할 수 있을 때까지 예전처럼 매주 요양원으로 어머니를 찾아갔다.

지금까지 2년이 흘렀다. 어느 날 샤오완과 남편이 시어머니를 만나러 갔다가 마침 시어머니가 면회 온 친구에게 이렇게 이야기하는 걸

들었다.

"여기 참 좋아. 친구도 많고 여가 활동도 다양하게 할 수 있거든. 노래방도 있고 봉사단체에서 와서 공연도 보여줘. 그래서 하나도 심심하지 않아. 혈당과 혈압이 잘 조절되고 있대. 아주 건강해졌어."

그 말을 듣고 샤오완은 울컥 눈물이 나왔다. 자신의 결정이 옳았다는 사실을 확인하고, 숱한 오해와 비난에 잠 못 이뤘던 밤들을 모두 보상받은 기분이었다. 2년 전 다른 선택을 했다면 시어머니와의 물리적인 거리는 더 가까워졌겠지만 마음의 거리는 훨씬 멀어졌을 것이고 서로 웃으며 대할 수도 없었을 것이다. 그랬다면 시어머니의 건강은 더 나빠지고 샤오완과 남편의 결혼 생활도 위기에 처했을 것이다. 이 과정에서 샤오완은 꼭 곁을 지키며 세심하게 돌보고 챙겨주어야만 사랑인 건 아니라는 사실을 알았다. 자신의 한계를 인정하고 시대에 맞지 않는 관념과 방식을 용감하게 잘라버린 뒤 마음속에서 일정한 거리와 공간을 유지하는 것이 모두의 행복을 위한 일이다.

나 하나 참는다고
해결될 문제가 아니다

요즘 여자들의 삶은 그리 녹록지 않다. 모순과 갈등, 불균형 속에서 외줄타기를 하며 살고 있다고 해도 과언이 아니다. 가정과 직장, 자아와 타인 사이에서 균형을 맞추는 것은 결코 쉬운 일이 아니다.

시어머니의 연세가 많아지면서 부양 문제를 고민해야 했을 때 샤오완 앞에는 두 가지 '타인의 기대'가 놓여 있었다. 표면적인 문제는 남편이 시어머니와 함께 살기를 바라는 것이었지만 더 깊이 들어가면 사회가 소위 '좋은' 며느리에게 요구하는 바를 그녀가 받아들일 것이냐의 문제였다. 자신의 일을 포기하고 시어머니를 온전히 도맡아 부양함으로써 남편의 효도 책임을 대신할 것인가? 하지만 그녀의 자기정체성은 독립된 사람이 되어 자기 직업을 갖고 결혼 생활을 원만하게 꾸려나가는 것이었다. 또 그녀가 생각하는 노년 생활이란 수동적으로 생명을 소모하는 것이 아닌 존엄을 지키며 사는 삶이었다.

입장 차이로 인해 남편과 심한 갈등을 겪었지만 샤오완은 인내하면서 이 사회가 여성에게 거는 기대에 굴복하지 않았다. 노인을 돌보는 일이 결코 하루 이틀에 끝나지 않는다는 것, 장기적으로 내다보아야 하는 일이라는 것을 알고 있었기 때문이다. 이 전쟁에 뛰어들어 이기고 싶다면 그녀와 남편은 어떤 준비를 해야 할까? 신중하게 고민한 뒤 그녀는 자신과 남편에게 이 커다란 변화에 적응할 능력이 없다는 사실을 깨달았다. 억지로 참고 상대에게 맞춰준다면 이것이 훗날 큰 문제의 씨앗이 될 것임을 알았다. 그렇게 되니 차라리 지금 솔직하게 자신의 부족함을 받아들이는 편이 나았다. 그래서 그녀는 잘라내는 편을 선택했다. 타인의 기대를 잘라내고 대화를 통해 남편의 지지와 동의를 이끌어내기로 한 것이다.

당장의 기대를 잘라내는 일에는 적잖은 고통이 수반된다. 샤오완은 수많은 질타와 비난을 마주하겠지만 이것이 온전해지기 위한 과정이며 어쩔 수 없이 치러야 하는 대가라는 걸 알고 있었다. 나 하나 참으면 해결될 문제인 것 같지만 그렇게 된다면 앞으로 블랙홀 같은 고통이 그녀를 기다리고 있을 것이었다. 그러다 결국 부부 사이에 감정의 골이 깊게 파이는 건 물론이고 시어머니의 건강에도 도움이 되지 않을 것이었다.

선택의 기로 앞에서 그녀는 적극적으로 부딪쳐 돌파하는 방법을 선택했다. 당장의 갈등을 피하기 위해 자기정체성을 포기하지 않기로 한 것이다. 그러기 위해 그녀는 인내심을 갖고 남편을 설득했다. 어머니를 요양원에 모시는 것이 어머니를 포기하는 일이 아니며 남의 행복을 위해 자신을 희생할 필요가 없음을 남편이 받아들이도록 만들어야 했다. 그래야만 사회가 정해놓은 틀에서 벗어나 불합리한 신념, 즉 가족을 요양원에 보내는 것은 버리는 것과 같다는 생각을 잘라내고 성숙하고 독립적으로 사고할 수 있으며, 궁극적으로 가족 모두가 더 행복하고 서로 아끼는 관계가 될 수 있기 때문이다.

타인의 기대로
가득 차 있는 내면

며느리는 시댁을 우선으로 해야 할까? 아들은 자기 일과 삶의 질을 포기하고 연로한 부모님을 부양할 책임을 오롯이 짊어져야 할까? 이는 전형적인 집단주의가 반영된 관념이다.

동양 사회에서 나고 자란 우리는 타인의 기대를 자기 자신보다 앞세운 채 친밀하고 화목한 인간관계를 유지하기 위해 노력해야 한다. 한 개체로서 자신이 원하는 것을 너무 강하게 주장하면 이기적이고 무례하며 감사할 줄 모르는 사람이라고 손가락질받는다.

이런 분위기에서 자란 아이들의 심리적 공간 속에는 많은 것이 어수선하게 꽉 들어차 있다. 도덕, 예절, 풍습 등 수많은 올가미와 틀이 그 안을 가득 채우고 있다. 그 때문에 마음속 집을 최대한 넓히고 그 안에 수많은 역할을 욱여넣은 뒤 모든 사람과 좋은 관계를 유지하기 위해 노력해야 한다. 개인의 상황이나 특징을 억누르고 타인의 요구를 솔직하게 거절하지 못한 채 말이다.

"조금만 참아" "네가 한 발 양보해" 같은 말들이 사회의 충돌을 처리하는 보이지 않는 규칙이 되고 우리는 습관적으로 자기정체성을 억압하고 남는 공간에 타인의 기대를 꾹꾹 눌러 담아야 한다. 자기 감정을 느낄 여지를 남기거나 자신의 당연한 권리를 지켜야 한다는 사실조차 잊은 채로 말이다.

당신도 '관계 저장강박증'에 걸렸나요?

"인맥은 넓을수록 좋다. 인맥이 넓다는 건 남들에게 인기가 많고 중요한 사람이라는 뜻이다"라는 관념은 사회에 만연한 '소유(have)'의 분위기와 같다. 기업가는 광고를 통해 삶의 질을 높이고 싶다면 기꺼이 지갑을 열라고 사람들을 설득하고, 소비자는 풍요롭고 행복한 삶을 추구한다는 명분 아래 자신의 구매력을 과시한다.

하지만 문명이 진보함에 따라 새로 태어난 세대들은 '소유'가 반드시 만족감을 가져다주는 것은 아니며 심지어 더 많은 낭비와 사치를 자극한다는 사실을 알았다. 사람들은 더는 물질을 통해 희열을 얻을 필요가 없었고 진정한 행복은 정신적인 자유임을 깨닫기 시작했다. 정기적으로 집 안을 정리하고 쓸모없는 잡동사니를 버리고 어떤 물건이든 사기 전에 신중하게 고민했다. 그렇다면 심리라는 집 또한 덧셈을 버리고 뺄셈의 마인드로 대할 수는 없을까?

아직도 인간관계는 넓을수록 좋다고 생각하고, 그 누구와도 잘 어울리는 사람이 되길 바라며, 이를 통해 인정받고 싶어 하고, 타인을 실망시킬까 봐 두려워하고, 거절하면 미움받지 않을까 걱정한다면 그것은 또 다른 종류의 '쇼핑중독' 혹은 '저장강박증'이 아닐까? 대상이 '물건'에서 '관계'로 바뀌었다는 것 외에 다른 차이는 없다.

"벌써 몇 년이나 가깝게 지냈는데, 그렇게 나쁜 사람은 아니야."

"그도 언젠가는 바뀔 거야."

관계를 끊지 못하면서 하는 이런 말들이 물건을 버리지 못하고 중얼거리는 말들과 아주 비슷하지 않은가?

"버리자니 아까워."

"언젠가 필요할지도 모르잖아."

잃는 것이 아닌 얻는 것에 집중하라

지금까지 우리가 받은 교육은 관계를 맺는 것에만 초점이 맞추어졌을 뿐 관계를 끊고 포기하는 방법에 대해서는 알려주지 않았다. 억울하고 서러운 마음에 남몰래 울음을 삼키는 것이 아니라 불필요한 고통을 유발하기만 하는 관계를 잘라내고 옳은 답을 찾아야만 자신이 바라는 관계를 맺고 스트레스뿐인 인간관계에 고통받지 않을 수 있다.

사사키 후미오는 자신의 책 『나는 단순하게 살기로 했다』에서 일과 감정이 슬럼프에 빠졌을 때 물건을 버림으로써 인생의 의미를 되찾고 진정으로 중요한 것이 무엇인지 깨달았다고 했다. 집 안에 극히 최소한의 물건만 남기고 텅텅 비우다시피 했지만 그는 아주 행복하게 살고 있다.

인간관계에 있어서 그처럼 거의 모든 관계를 철저히 단절시킬 필요는 없다. 하지만 그의 마인드를 빌려 우리에게 진정으로 필요한 관계는 무엇이고, 우리가 단순히 원할 뿐인 관계는 무엇인지 생각해볼 수 있다. 그저 짐이기만 한 관계를 놓아버리고 심리적 공간을 말끔히 정리해 타인의 시선 속에서 살기를 거부하는 것이다.

사람의 의지력과 심리적 공간은 유한해서 사랑하는 모든 사람을 다 들여놓을 수는 없다. 우리는 살면서 맞이하는 각각의 단계에서 그 공간을 깨끗이 청소하는 습관을 들여야 한다. 종양으로 변해버린 관계를 잘라내고 우리를 진정으로 성장시키고 만족시키는 사람만 남겨야 한다. 인맥의 넓이를 가지고 자신의 가치를 정의해선 안 된다. 심리적 공간을 청소하는 것이 폐쇄적이고 냉정한 일처럼 보이지만 그래야만 우리가 진정으로 관계를 맺고 싶은 사람과 함께할 수 있다. 관계 속에서 자신을 고통스럽게 짓누르고 있는 짐을 용감하게 내려놓아야만 진정으로 원하는 행복을 얻을 수 있으며, 잃는 것이 아니라 얻는 것에 집중해야만 행동할 힘을 얻을 수 있다.

2부 / 고통스런 관계를 끊지 못하게 가로막는
여섯 가지 요인

관계가 고통이 되는 순간

우리에겐 자신이 인정받고 존중받을 수 있는 환경을 선택할 권리가 있다

이렇게 힘든 관계를 왜 놓지 못하는 걸까?

우리가 어떤 관계 속으로 들어가는 순간 양쪽 모두 서로에 대한 상상을 품기 시작한다. 그 과정에서 서툰 소통 능력 때문에 크고 작은 기대가 생겨나 둘 사이의 거리를 점점 멀어지게 하고, 심하면 자신이 가장 아끼는 사람에게 상처를 주며 원래는 행복해야 할 관계가 족쇄로 변해버린다. 하지만 이상한 건 관계에서 이토록 상처받으면서도 사람들이 부나방처럼 끊임없이 관계를 찾고 누군가와 연결되기를 갈망한다는 사실이다. 그 이유는 타인과 관계 맺으려는 욕망이 인간의 기본적인 욕구이기 때문이다.

『연결: 공감 사회를 위한 설계(Connect: Design for an Empathic Society)』라는 책에는 잔인한 역사 기록이 등장한다. 13세기에 프리드리히 2세는 사람의 언어 능력이 선천적인 것인지 궁금했다. 언어 능력은 타고난 것이어서 다른 누군가와 소통하지 않고 학습하지 않아도 말을 할 수 있을까? 그는 이런 호기심에 한 가지 실험을 했다. 일부러 막 태어난 아기들을 데려다 놓고 아기를 돌보는 유모나 의사에게 아무 말도 하지 않고 안아주지도 못하게 한 것이다. 이런 타인과의 상호작용을 제외하고 다른 모든 돌봄은 충분히 제공했다. 먹을 것을 풍족하게 주고 따뜻한 옷을 입혔으며 깨끗한 환경에서 안전하게 돌봐주었다. 실험 결과 매우 의외의 상황이 발생했다. 얼마 못 가서 모든 아기가 강보에 싸인 채 사망한 것이다. 이 실험으로 타인과의 관계 혹은 상호작용 없이는 인간이 생존할 수 없음이 증명되었다.

누구와도 관계 맺지 않는다는 건 진공 상태에서 사는 것처럼 이 세상에 대한 그 어떤 반응도 무의미하다는 뜻이며 이렇게 되면 인간은 생존 의지를 천천히 잃어버린다.

심리학자 해리 할로(Harry Harlow)가 진행한, 유명하지만 잔인한 실험도 있다. 그는 갓 태어난 붉은털원숭이들을 어미와 분리해 격리시킨 뒤 두 '가짜 어미'를 설치했다. 하나는 젖을 주는 '철사 어미'이고 다른 하나는 감촉이 부드러운 '헝겊 어미'였다. 실험 결과 새끼 원숭이들은 배가 고플 때만 철사 어미에게 와서 젖을 먹고 그 외의 시간에는 헝겊 어미를 끌어안은 채 온기와 위로를 얻었다.

그런데 더 무서운 사실은 그 원숭이들이 자라면서 점차 자폐적이고 반사회적인 성향을 띠며 공격적인 행동을 보였다는 것이다. 그 원숭이들은 무리 생활에 적응하지 못하고 다른 원숭이와 전혀 어울리지 못했다. 타인과 관계를 맺고 상대에게서 온기를 느끼는 것은 인간의 심리적 건강에 매우 중요한 요소다. 심지어 의식주보다 더 중요하다고 할 수도 있다. 그 때문에 심리학자 매슬로는 '사랑과 소속의 욕구'를 인간의 중요한 다섯 가지 욕구에 포함시켰다. 이 욕구가 충족되지 않으면 자신이 어떤 무리 속에서 타인에게 존중받는다고 느끼지 못하고 나아가 자신감과 자아실현의 동기를 가질 수 없다.

타인과 관계를 맺는 것은 이토록 중요한 일이다. 따라서 우리는 자신이 인정받고 존중받을 수 있는 환경을 선택해 만족감을 얻어야 한다. 그런데도 어째서 자신에게 상처 주는 관계에서 용감하게 벗어나거나 관계를 정리하지 못하는 걸까? 여기에는 내재적 교환과 외재적 의존이라는 두 가지 요인이 작용한다.

내재적 교환: 타인의 인정, 관심, 신임, 수용을 갈구하는 욕구

외재적 의존: 경제력 부족, 능력 부족

이 두 가지 요인이 복합적으로 작용해 만들어진 단단한 올가미가 사람의 행동을 옭아매기 때문에 답답하고 부담스럽기만 한 관계를 포기하지 못한 채 계속 고통받는 것이다.

나를 깎아내리고 비난하는
사람 곁을 떠나지 못한다

**끊어야 할 것은 눈에 보이는 사람이나 사물이 아니라
보이지 않는 의존심과 공포다**

스잉(世英)의 주변 사람들은 모두 그녀의 성격이 냉소적이라고 생각했다. 회사 동료가 칭찬을 해도 그녀는 언제나 그걸 비꼬아 듣고 찬물을 끼얹는 말을 내뱉곤 했다.

"처음 보는 옷이네. 잘 어울려!"

"옷 보는 안목이 나처럼 별 볼 일 없구나."

동료의 칭찬에 그녀는 늘 이런 반응을 보였다.

스잉의 엄마는 그녀가 무얼 하든 비꼬고 나무랐다. 시험 성적이 나쁘면 엄마는 그녀에게 "누가 돼지띠 아니랄까 봐"라고 말했고, 장기자랑에서 상을 타면 "설마 참가자가 너밖에 없었던 건 아니지?"라고 말했다. 항상 주눅 들어 있는 스잉의 모습을 본 학교 선생님이 엄마에게 전화했을 때 엄마는 스잉이 착하고 책임감이 강한 아이라고 자

랑하면서 그저 낯을 가리는 것뿐이라고 말했다. 하지만 전화를 끊자마자 엄마는 스잉의 귀를 잡아당기며 이렇게 쏘아붙였다.

"다시 한 번 선생님한테 이런 전화 받게 하면 가만 안 둘 줄 알아!"

엄마의 이런 양육 방식 때문에 그녀는 무엇이 진심이고 무엇이 거짓말인지 잘 구분하지 못했고 어떻게 반응해야 하는지도 알지 못했다. 그래서 그녀는 자기 자신에 대해 자신감을 가질 수 없었고 자신에 관한 일이라면 모두 잘못된 것으로 여겼다.

대학 입시 결과가 발표되던 날 그녀는 원하는 대학에 합격했지만 기쁘지 않았다. 엄마가 또 뭐라고 핀잔을 줄지 알 수 없었기 때문이다. 그녀는 엄마가 무서웠고 엄마의 말이라면 무조건 따랐다. 엄마가 뭐라고 하든 반박하지 않고 모두 수긍하고 동의했다. 그러면서 그녀는 점점 가시를 바짝 세운 고슴도치처럼 자신을 방어하기 시작했다. 말하는 습관도 엄마를 닮아가며 자신이 제일 싫어하는 모습으로 변해갔다.

인정 욕구:
사랑이라는 이름의 내재적 교환

스잉과 처음 상담했을 때 그녀가 내뱉는 날카로운 말 때문에 쉽게 다가갈 수 없었다. 하지만 그녀의 성장 과정을 차츰 알아가면서 공격적으로 보이는 그녀의 행동이 실은 자기 보호임을 알았다. 좀 더 직접적으로 비유하면 그녀는 상대가 자신을 때릴까 봐 두려워 먼저 상대를 때리는 것이었다. 자기가 먼저 공격해서 상대를 다가오지 못하게 하면 상처받을 일도 없을 테니 말이다. 이렇게 비뚤어진 논리와 심리는 그녀와 엄마의 관계에서 나온 것이었다.

그녀는 어릴 적부터 계속 엄마에게 면박과 질책을 받아왔고 그 때문에 자신감을 잃고 자신의 생각과 감정이 적절한지 스스로 판단하지 못했다. 그녀의 유일한 판단 기준은 엄마의 반응이었다. 엄마는 모녀 관계에서 계속 주도권을 쥔 채 스잉이 고분고분 말을 듣게 만들었고, 스잉은 엄마에게 인정받기 위해 혹은 엄마에게 혼나지 않기 위해 엄마의 말에 더 순종했다.

그녀와 엄마의 관계는 '마약'과 같았다. 엄마에게 독이 있다는 걸 알면서도 엄마와의 관계를 끊지 못하고 이런 대등하지 못한 관계를 유지하기 위해 더 많은 대가를 지불할 수밖에 없었다. 이런 관계는 부모와 자녀 사이뿐 아니라 부부 사이에서도 자주 볼 수 있다. 가장 극단적인 방식이 바로 가정폭력이다.

성인이 되어 자립 능력이 생겼음에도 스잉이 어째서 엄마 곁을 떠나 독립하지 않았는지 궁금해하는 사람들이 있을 것이다. 이 질문은 마약중독자에게 어째서 마약을 끊지 못하느냐고 묻는 것과 같다. 그들도 끊을 수 있다면 마약을 끊었을 것이다. 문제는 어째서 마약을 하느냐가 아니라 마약을 하지 않으면 안 될 만큼 괴로운 것이 무엇인가

다. 마약을 하는 이유는 고통(외로움, 절망, 불안감 등)을 잊기 위함이다. 마찬가지로 스잉도 엄마가 고통의 원인임을 모르지 않았다. 다만 그녀에게 엄마와의 관계를 끊을 자신감이 없었던 것이다.

무엇이든 떠나지 못하고 고집스럽게 붙잡고 있다면 그것에 그 사람의 결핍된 면이 투사되었을 가능성이 높다. 스잉은 어릴 적부터 자신의 감정을 부정당한 채 오로지 엄마의 반응만을 가지고 자기 행동의 옳고 그름을 판단할 수밖에 없었다. 그녀는 언제 어디서든 조심스럽게 엄마의 심기를 살피며 엄마를 기쁘게 하고 엄마에게 인정받기 위해 노력해야 했다. 그래야만 이 끔찍한 심리전에서 살아남을 수 있었기 때문이다.

그녀는 한 번도 자기 자신을 정확하게 이해할 기회를 얻지 못했고 모든 것이 엄마의 반응에 좌우되었다. "덜떨어졌다" "실망스럽다" "창피하다" 등 엄마의 반복된 비난에 마음은 이미 상처투성이가 되었고, 자신이 사랑받을 만한 사람이라는 걸 믿을 용기를 잃어갔다. 그러므로 이 조각난 관계를 부여잡고 자신에게 존재 가치가 있음을 설득할 수밖에 없었다. 이 관계마저 끊어진다면 그녀의 인생은 무의미해질 것이기 때문이었다.

그녀와 엄마의 관계는 일종의 거래이자 교환이었다. 하지만 그녀가 냉정하게 객관적으로 이 관계에 관해 근본적으로 다시 생각해본다면 어떨까? 인정받길 갈구하는 자신의 욕구가 정말로 충족되었는지, 그 욕구를 반드시 한 사람에게서만 얻어야 하는지 말이다. 그런 생각을 해야만 그녀는 진정한 관계가 무엇인지 배울 수 있고 더는 타인을 거절하지 않고 그들의 관심을 있는 그대로 받아들이며 타인의 기준으로 자신을 정의하지 않을 수 있다.

이런 깨달음은 하루 이틀에 얻을 수 있는 것이 아니다. 중독된 사람처럼 처음 술을 마시거나 담배를 피우게 된 이유가 무엇인지 돌이켜 봐야 한다. 대부분의 경우 이미 술을 마시거나 담배를 피우는 동기를 상실한 채 습관적으로 집착하고 있을 것이다. 습관은 새로운 길을 탐색하지 못하도록 가로막는 걸림돌이 된다. 끊어야 할 것은 눈에 보이는 사람이나 사물이 아니라 보이지 않는 의존심과 공포다.

집착하는 사람에게서
벗어나지 못한다

건강하지 못한 관계에 빠져드는 것은
내 마음속에 드리워진 어두운 그늘 때문이다

위팅(郁婷)의 부모는 남아선호가 심했다. 어릴 적부터 장난감이든 먹을 것이든 좋은 건 무조건 아들에게 주었다. 그녀는 학교에 다녀오면 엄마 대신 집안일을 하고 주말에는 아빠가 운영하는 공장에 가서 일을 도와야 했지만 그녀의 남동생은 부모님 일을 돕기는커녕 빈둥빈둥 놀기만 했다.

한번은 위팅이 공장에서 일한 뒤 서둘러 쓰레기를 버리러 가느라 빗자루를 제자리에 돌려놓는 걸 깜박 잊었다. 그러자 아빠가 그녀를 호되게 야단쳤다.

"빗자루도 제대로 정리 못 하는 딸을 키우다니 돈이 썩어빠졌네!"

위팅이 말했다.

"급하게 쓰레기를 버리러 가느라 잊어버렸어요! 동생한테 시키면

되잖아요. 걔한테는 왜 아무것도 안 시켜요?"

아빠는 그녀의 해명을 듣지도 않고 빗자루로 그녀를 마구 때렸다. 위 팅은 억울하고 서러운 마음에 나중에 돈을 벌면 이 지긋지긋한 집을 떠나겠노라고 다짐했다.

위팅은 고등학교를 졸업한 뒤 자기보다 여덟 살 많은 남자를 만났다. 그녀는 자상하게 챙겨주는 그를 보며 자신을 이 지옥 같은 집에서 구 원해주기 위해 하늘에서 내려온 천사라고 생각했고 사귄 지 얼마 되 지 않아 남자친구와 동거를 시작했다.

남자친구는 그녀를 세심하게 보살펴주긴 했지만 점점 더 많은 것을 제약하고 간섭하기 시작했다. 그녀와 잠깐이라도 연락이 닿지 않으 면 쉬지 않고 전화를 걸고 문자메시지를 보냈다. 처음에는 부드럽게 "어디 있어? 연락이 안 되니까 걱정되잖아"라고 하다가 점점 말투 가 거칠어지며 나중에는 "1분 안에 전화하지 않으면 집에 들어올 생 각하지 마"라거나 "나 혼자 집에 내버려 두다니. 버림받는 기분이 어 떤 건지 똑똑히 알려줄게"라며 협박하곤 했다. 또한 위팅의 친구나 동료를 험담하고 그들과 친하게 지내지 못하게 했다.

위팅의 일거수일투족, 옷차림, 의사 결정까지 모든 걸 그가 원하는 대로 따라야 했다. 그녀에게 손찌검을 하진 않았지만 그녀의 상황을 잘 아는 친구들은 그의 그런 행동이 위험하다며 조심하라고 충고했 다. 위팅도 남자친구에게 자신의 생각을 말하고 자기만의 공간을 갖 고 싶었지만 그럴 때마다 그는 "다 널 사랑해서 그런 거야. 넌 내 마음속의 유일한 공주님이야. 네가 내 곁에 오래오래 머물 수 있도록 잘 지켜주고 싶어"라고 말했다.

남자친구의 이 말이 마약처럼 그녀의 불만을 잠재웠다. 그녀는 자신이 사랑과 관심을 받고 있다고 느꼈으며 남자친구와 있는 한은 더 이상 아무도 관심을 주지 않는 외톨이 여자아이가 아니라고 생각했다.

관심 욕구:
연애라는 이름의 내재적 교환

나는 대학원을 졸업한 후 한 5년제 직업고등학교에서 학생들을 가르쳤다. 그 학교에선 열다섯 살부터 스물두 살까지 다양한 연령대의 학생들이 공부하고 있었고 전공 특성상 거의가 여학생이었다. 학생들이 그 학교를 선택한 건 대부분 부모의 권유 때문이었다. 부모들은 딸은 공부를 많이 시킬 필요 없고 한 가지 기술만 배워 밥벌이만 할 줄 알면 된다고 생각했다. 나는 그곳에서 수많은 '위팅'을 만났다. 그녀들은 사춘기가 되면 부나방처럼 사랑에 빠졌다. 아무리 말려도 듣지 않고 불길 속으로 뛰어들었다.

그런 여학생 중 대다수는 성장 과정에서 부모에게 관심받지 못하고 위팅처럼 가족을 위해 많은 일을 했지만 아들이 아니라는 이유로 사랑받지 못한 학생들이었다. 오랫동안 냉대받은 기억 때문에 성인이 되면 집을 떠나서 새로운 관계로 들어가 소속감을 느끼길 갈망했다. 더는 있어도 그만 없어도 그만인 존재로 살지 않으려 했다.

그런 여학생들은 남자의 조건이 좋다거나 서로 말이 잘 통해서가 아니라 이 세상에서 처음으로 자기 말에 귀를 기울여주고 자신을 아껴주는 사람이라는 이유로 사랑에 빠지는 경우가 많았다. 상대가 그 관계 속에서 자신에게 작은 관심만 쏟아도(배웅, 선물 등) 수단이 적절하든 말든, 자신을 억압하든 말든 그게 사랑이라고 생각했다. 오랫동안 냉대받고 부정당해왔던 여성들은 과도한 간섭을 상대가 자신을 인정하고 받아들이는 증표라고 생각했다. 그녀들이 그 관계를 끊지 못하는 이유는 사랑 때문이 아니라 외로움에 대한 두려움 때문이었다.

그런 심리적 결핍 때문에 그녀들은 설령 건전하지 못한 관계일지라도 쉽게 빠져들고 비슷한 관계를 반복했다. 마음속에 있는 어두운 그늘이 계속 악마를 유혹했다. 만약 그녀들이 그 마음속 그늘이 사실은 자기 마음에 난 구멍이라서 아무리 사랑받아도 채워질 수 없다는 걸 안다면 밖에서 사랑을 갈구하지 않고 스스로 자기 자신을 사랑함으로써 그 구멍을 조금씩 메워갈 수 있을 것이다.

하지만 그걸 모르면 그녀들은 외부의 관심과 보살핌을 얻기 위해 일부러 자기 힘을 억누르며 스스로 연약한 상태를 만들고, 성장을 거부하며 보살핌이 필요한 아이의 상태에 머물러 있으려 할 것이다. 그래야만 떳떳하게 타인에게 기대어 기생 관계를 형성할 수 있기 때문이다.

그러나 불행하게도 그렇게 쌓은 관계는 모래성과 같아서 아무리 아름답다 하더라도 작은 충격조차 견디지 못하고 쉽게 무너진다. 혼자서 잘 지낼 수 없는 사람은 어떤 관계를 맺든 그 관계를 잃을까 봐 두려워 진짜 문제를 똑바로 바라보지 않고 끊임없이 부인하며 서로에게 더 좋은 가능성을 차단해버린다.

무리한 요구도
웃으며 들어준다

**내가 타인에게 필요한 사람이라는 사실로
자신의 존재 가치를 증명할 필요는 없다**

여행 가이드인 쯔장(子彰)은 고객들 사이에서 칭찬이 자자했다. 특히 사장은 그의 투철한 책임감과 원만한 사교 능력을 높이 평가해 중요한 고객이나 일은 모두 그에게 맡겼다. 쯔장은 뛰어난 언변만 가지고 성과를 내는 것이 아니었다. 지속적으로 고객을 관찰하면서 고객에게 필요한 것과 고객이 좋아하는 것이 무엇인지 알아냈으며, 고객이 요구하면 어떤 방법을 동원해서라도 모두 만족시켰다. 그 때문에 고객들 사이에서 그는 뭐든지 다 해결해주는 '도라에몽'으로 불렸다.

쯔장 같은 사람들은 긍정적이고 상대를 존중할 줄 아는 사람을 만나면 항상 기분 좋은 관계를 유지할 수 있지만 세상에는 막무가내인 고객도 있기 마련이다. 어느 날 한 고객이 말했다.

"가이드는 참 좋은 직업이에요. 여행단을 인솔하면서 같이 놀러 다니잖아요. 자기 돈 한 푼 안 들이고 먹고 자고 놀면서 일할 수 있다니 얼마나 좋은 직업이에요? 그러니까 우리한테 팁은 받지 말아요. 친구랑 놀러 다니는 셈 쳐요."

쯔장은 속으로 화가 났지만 회사 이미지를 생각해 미소 지으며 대답했다.

"팁은 회사 규정이라 제가 어떻게 할 수 없어요. 하지만 정해진 곳 외에 다른 곳을 몇 군데 더 모시고 갈게요. 아주 멋진 곳이에요. 틀림없이 만족하실 겁니다."

이렇게 무리한 요구를 받아도 그는 고객이 만족할 수 있도록 최대한 맞춰주며 고객들에게 자신이 최선을 다하고 있음을 보여주었다.

그런데 출국 후 여행이 시작된 뒤에도 그 고객은 사사건건 불평을 늘어놓았다. 고객 평가에 매우 신경 쓰는 쯔장은 자존심을 누르며 그를 즐겁게 해주기 위해 노력했다. 그에게는 단 한 명의 고객이라도 포기하지 않고 만족시켜 좋은 평가를 얻는 것이 가장 중요했기 때문이다. 그는 고객뿐만이 아니라 상사나 동료에게도 언제나 최선을 다했다. 상대가 자신에게 어떤 일을 맡긴 것은 자신을 신뢰한다는 뜻이기 때문이다. '다른 사람의 기대를 절대로 저버릴 수 없어!'라는 다짐이 항상 그의 마음속에서 메아리쳤다.

이렇게 한순간도 책임을 내려놓지 못했기 때문에 쯔장은 항상 눈코 뜰 새 없이 바빴고, 제대로 휴식을 취하지 못해 몸과 마음이 점점 지쳐갔다.

신임 욕구:
책임이라는 이름의 내재적 교환

많은 사람이 가진 편견이 있다. 인간관계에서 문제를 겪으며 심리상
담을 필요로 하는 사람들은 부모의 불화나 가난, 가정폭력 등으로 순
탄치 않은 성장 과정을 보냈기 때문에 타인과 잘 지내는 법을 모를 것
이라는 생각이다. 반대로 사회·경제적 지위가 높고 유능한 사람들은
인간관계도 문제없이 처리할 것이라고 생각한다. 그만한 성과를 거
두었다는 건 소통 능력이 뛰어나다는 뜻이기 때문이다.

　하지만 '성공했다'고 평가받는 사람들도 사회에 적응하지 못하는
사람들만큼이나 심한 심리적 스트레스와 불안감을 느낀다. 단지 스
트레스를 잘 억제하고 위장해서 남들 눈에 잘 지내는 것처럼 보일
뿐이다. 그들은 사회의 요구에 민감한 데다 높은 능력과 강한 책임
감을 가졌기 때문에 자기 체력의 한계를 뛰어넘고 자기 감정을 스
스로 억누른 채 오로지 목표를 향해 매진한다. 표면적으로는 타인의
칭찬과 인정을 받기 위한 것처럼 보이지만 사실 그들을 묵묵히 전진
케 하는 동기는 완전한 행복이 아니라 남을 실망시키는 것에 대한
두려움이다.

　유명인이나 스타들이 남부럽지 않은 생활을 누리는 듯 보이지만
사실은 심한 스트레스에 시달리는 것과 같다. 잘하는 건 남들 눈에 잘
띄지 않지만 작은 실수만 해도 엄청난 비난이 쏟아지기 때문이다. 사

람들은 그들에게 평범함 이상의 기준을 들이댄다. 그 때문에 그들은 늘 지쳐 있음에도 약한 모습을 보일 수 없어 마약에 기대거나 강한 의지를 끌어모아 스트레스와 맞서다가 모두 잠든 밤 홀로 괴로워한다. 빛이 밝은 곳일수록 그림자가 어둡기 마련이다.

쯔장 같은 사람들은 타인이 자신에게 불만이나 의심을 갖는 것이 두려워서 책임감을 내려놓지 못하고 스스로 계속 더 잘하도록 채찍질한다. 타인의 요구를 거절하거나 포기하는 건 그에게 있을 수 없는 일이다. 그들을 향한 세상의 신뢰는 그들에게 훈장과도 같다. 남에게 신뢰를 얻을수록 자신이 중요하고 대단한 사람이라는 증거라고 생각한다. 그들은 '완벽'을 추구하며 모든 일을 최고로 해내려 하지만 너무 바쁘고 피곤한 생활에 파묻혀 진정으로 자신에게 필요한 것이 무엇인지는 점점 잊어버린다.

나는 가족 치료의 선구자인 버지니아 사티어가 남긴 이 말을 좋아한다.

"문제 자체가 문제가 아니라 문제에 대응하는 방식이 문제다."

책임감이 강하다는 건 문제가 안 되지만 그 기준을 모든 사람과 사물에 무한히 적용시키면 문제가 된다.

쯔장 같은 사람들은 외부의 기대와 요구를 적당히 잘라낼 필요가 있다. 타인이 실망할까 봐, 자신이 실패할까 봐 두려워 딱딱한 껍데기로 연약한 내면을 감추지 말고, 자신이 노력하고 신경 써야 할 사람이 누구인지 구분하며 무리한 요구는 과감히 거절해야 한다. 그래야만 자신감을 갖고, 진정한 자유를 누릴 수 있다. 자신이 남들에게 필요한 사람이라는 사실로 자신의 가치를 증명할 필요는 없다.

자신의 한계를 받아들일 수 있는 사람이야말로 진정으로 성숙한 사람이다.

멀어질까 두려워
친구에게 모든 걸 맞춰준다

**'넘어짐'이 두려워 피하기만 한다면
다시 일어선 뒤의 기쁨과 만족감도 누릴 수 없다**

징팅(靜婷)은 중학생 때 친구들에게 따돌림을 당했다. 조별 활동을 할 때마다 아무도 그녀와 같은 조가 되지 않으려 해 항상 외톨이였다. 원래 활발했던 성격이 점점 내성적이고 폐쇄적인 성격으로 바뀌었지만 맞벌이하느라 바쁜 부모는 딸의 변화를 눈치채지 못했다.

드디어 중학교를 졸업하고 고등학교에 진학하면서 그녀는 새로운 친구들을 사귈 수 있기를 바랐다. 그 때문에 친구가 무슨 이야기를 하든 최대한 맞춰주었고 샤오야(小雅)라는 친구와 친해졌다. 샤오야와 징팅은 하루 종일 붙어 다녔고 서로의 집에 놀러 가 같이 자기도 했다. 똑똑한 샤오야는 징팅의 행동만 봐도 그녀가 무슨 생각을 하는지 알아차렸다. 징팅은 샤오야가 자신에게 관심을 쏟는다고 생각했다.

점점 자라면서 두 친구가 공유할 수 있는 일도 많아졌다. 대학 진학 후 징팅은 동아리에서 아저(阿哲)라는 남학생을 좋아하게 되었지만 마음을 고백하지 못하고 혼자 가슴앓이만 했다. 보다 못한 샤오야가 먼저 아저에게 연락해 셋이 함께 놀러 가자고 약속했다. 마침내 징팅은 아저와 가까워질 기회를 얻었다. 하지만 아저와 둘만 있으면 어색할 것 같아서 늘 샤오야에게 함께 가자고 말해 셋이 만났다.

그런데 징팅은 샤오야와 아저의 사이가 점점 가까워지는 걸 느꼈다. 가끔 둘이서만 만나기도 한다는 사실을 알았지만 샤오야는 징팅에게 그런 이야기를 하지 않았다. 징팅은 샤오야도 아저를 좋아하게 되었다고 짐작하고는 샤오야와의 친구 관계를 깨지 않기 위해 일부러 아저를 멀리하기 시작했다. 심지어 다른 남학생을 좋아하게 되었다고 샤오야에게 거짓말했다.

징팅에게 사랑이란 불확실한 미래였다. 설령 아저와 사귄다 해도 연애 관계가 언제 끝날지 알 수 없었다. 오랫동안 자기 곁에 머물 사람은 샤오야라고 판단하고 그 경쟁에서 스스로 물러나기로 결정했다. 남자 때문에 소중한 우정을 잃을 수는 없다고 생각했던 것이다. 하지만 그 후 징팅은 샤오야를 예전처럼 대할 수 없었고 무슨 이야기든 다 털어놓을 수도 없었다.

수용 욕구:
희생이라는 이름의 내재적 교환

우연의 일치인지 운명의 장난인지는 몰라도 단짝 친구가 동시에 한 남자를 좋아하게 되면서 우정이 깨지는 일이 종종 일어난다. 「안녕, 나의 소울메이트」라는 영화에서도 주인공 안생이 한 양보가 연이은 잘못과 오해의 시작이 된다. 징팅과 샤오야의 이야기도 영화에서처럼 얼핏 보면 사랑을 둘러싼 삼각관계인 것 같지만 더 깊이 들어가 보면 부러움, 질투, 억제, 희생이라는 문제가 감추어져 있다. 이것은 성장 과정에서 반드시 거쳐야 하는 고비다.

징팅은 똑똑하고 눈치가 빠르며 낙천적이고 명랑한 샤오야가 부러웠다. 내성적이고 자신감이 부족하며 걱정이 많고 쉽게 우울해지는 자신을 그녀와 비교하며 자신도 샤오야처럼 어딜 가든 주목받고 인기 많은 사람이 되고 싶었다. 그녀는 조심스럽게 샤오야 곁에 머물며 따돌림당하던 시절의 악몽이 되풀이되지 않길 바랐다. 하지만 한 남자가 등장하면서 그 모든 안정감이 삐걱거리기 시작했다.

징팅은 이 변화를 알아차렸다. 그것이 자신과 샤오야의 관계를 위협할 것이라고 생각했다. 샤오야에 대한 자신의 애틋한 마음을 표현하기 위해, 또 샤오야에게 자신이 예전에 겪었던 상처를 안겨주지 않기 위해 징팅은 영화 속 안생처럼 자기가 원하는 것을 포기하고 자신이 '좋다'고 생각하는 것을 상대에게 베풀었다. 하지만 혼자만의 생각을 진실로 여기며 자신은 다 알고 있다고 믿는 착각이 종종 관계를 깨뜨리는 원인이 되곤 한다.

징팅이 샤오야만 있다면 아무렇지 않다고 생각한 건 사실 그녀의 열등감과 불안감의 표현이었다. 기대했다가 실망하는 것이 두려워서 아무렇지 않은 척한 것이다. 그녀의 행복을 가로막는 건 샤오야가 아니라 그녀의 마음속에 감추어져 있는, '나는 어울리지 않는다'는 믿음이었다. 그녀가 정말로 잘라내야 하는 건 관계를 잃어버리는 것에 대한 두려움과 불안감이었다. 인간관계에서 자신이 원하는 것이 무엇인지 솔직히 인정하고 어떤 관계든 만남과 이별, 기복과 고비가 필연적으로 찾아온다는 사실을 받아들이며 자신의 생각을 상대에게 말해야만 신뢰를 느끼고 진정한 감정의 교감을 나눌 수 있다. 그것이 우정이든 사랑이든 말이다.

어떤 관계든 관계를 시작하는 것은 모험이다. '넘어짐'에 대한 마음의 준비가 없다면 다시 일어날 용기를 낼 수 없고 고비를 넘긴 뒤의 만족감도 누릴 수 없다.

사사건건 간섭하는
시어머니를 막을 수 없다

자기 자신을 스스로 감당할 수 있음을 증명해야만

타인에게 존중받을 수 있다

전위안(振遠)과 메이팡(美芳) 부부는 주택 마련에 들어가는 경제적 부담을 줄이기 위해 결혼 후 시부모님과 함께 살기로 했다. 결혼식을 올린 다음 날부터 시어머니는 메이팡에게 어서 아기를 가지라고 재촉했다. 그 후 그녀가 딸을 낳자 시어머니는 또 아들을 낳으라고 강요했다. 한집에 살며 날마다 얼굴을 부딪쳐야 했으므로 부부는 갈등을 피하기 위해 서둘러 둘째를 임신했다.

그러나 아이가 태어나도 가족에게 평화는 찾아오지 않았다. 회사에 다니는 메이팡 대신 시부모님이 낮 동안 아이를 돌봐주었지만 아이에게 장시간 TV를 틀어주거나 휴대폰을 가지고 놀게 내버려 둔다는 사실을 알게 되었다. 엄마인 메이팡이 아이의 생활습관을 고쳐주려 할 때마다 시부모님이 끼어들어 감싸는 바람에 아이는 점점 조부모

뒤에 숨어 엄마 말을 듣지 않으려 했다.

그녀는 남편 전위안과 이 문제를 상의했고 전위안도 그녀의 생각에 동의했다. 전위안은 부모님과 대화하며 문제를 해결하려 했지만 부모님은 아들의 말을 들어주지 않았다.

"너도 이렇게 키웠는데 지금 멀쩡히 잘 자랐잖아. 뭐가 문제야?"

부모님이 이렇게 반문할 때마다 전위안은 할 말이 없었다. 이 상황을 바꿀 능력이 없었던 그는 부모님이 악의가 있어서 그러는 건 아니니까 조금만 참으라며 아내를 다독일 수밖에 없었다.

메이팡은 시부모님 밑에서 자라며 아이의 버릇이 점점 나빠지는 걸 보면서도 시부모님에게 양육 방식을 고쳐달라고 요구하지 못했다. 아이는 시부모님의 아이가 되고 그녀는 양육권을 완전히 박탈당한 채 엄마로서의 행복도 잃어버렸다…….

경제력 부족:
독립 능력 부족에서 오는 외재적 의존

어쩔 수 없이 관계를 유지해야 하는 상황도 많다. 내재적인 필요뿐 아니라 외재적 의존도 고려해야 하기 때문이다. 그중에서도 가장 흔한 것이 경제적 문제다.

저성장 사회로 들어서면서 전업주부가 줄어들고 남자든 여자든 일을 해서 돈을 버는 것이 보편적인 현상이 되었다. 맞벌이 부부는 부모님의 도움이 없으면 아이를 낳아 기르기가 결코 쉽지 않다. 손주를 양육해줄 부모가 있다고 해서 문제가 간단히 해결되는 것도 아니다. 양육 방식이 충돌해 갈등이 빚어지는 일이 비일비재하다. 메이팡과 전위안의 이야기는 요즘 젊은 부부들이 마주하는 전형적인 문제를 보여준다.

힘든 자식을 위해 기꺼이 손주를 길러주는 건 선의에서 나온 행동이며 마땅히 고마워해야 하는 일이다. 하지만 세대 차이, 가치관의 차이, 생활습관의 차이 등은 단기간에 해결하기 어려운 부분이어서 두 세대 간에 마찰이 발생하기 쉽다. 특히 화해하고 조화를 이루려는 시도가 몇 차례 실패로 돌아가면 부모와 자식 모두 깊은 좌절에 빠진다. 부모는 부모대로 도움을 거절당했다고 생각해 상처 입고, 자식은 자식대로 또 다른 딜레마에 빠진다. 부모의 양육 방식을 묵인하자니 아이의 버릇이 나빠질 것이고, 부모의 양육에 사사건건 간섭하자니 오해를 살 수 있어서 난처한 지경이 된다.

흔히들 세대 간 양육 방식의 차이를 소통의 문제로 돌리지만, 가족의 구조를 살펴본다면 이 문제는 사실 권력투쟁이라는 걸 발견할 수 있다. 이 경쟁에서 이기기 위한 카드는 바로 경제력이다. 메이팡의 이야기를 예로 들면 부모의 입장에서는 아들 며느리에게 살 곳을 제공해주고 보육 비용까지 절약할 수 있게 해주었으므로 메이팡과 전위안이 부모님의 양육 방식에까지 참견하는 건 너무 염치없는 일이다.

아들 부부가 이미 많은 이득을 얻었기 때문이다.

그러므로 부모님 스스로 양육 방식을 바꾸지 않는다면 메이팡과 전위안은 부모님의 영향력을 어디까지 허용할 것인지 결정해야 하며 그러려면 여러 가지 문제를 고려해야 한다. 양육권을 되찾아올 경우 그로 인해 어떤 대가를 치러야 하는지, 집을 구하거나 마음에 드는 베이비시터를 고용하거나 아이를 보육기관에 보낼 만한 경제적 능력이 있는지, 만약 현재 상태를 유지한다면 앞으로 어떤 위험을 감수해야 하는지 등을 따져봐야 한다.

부부가 이런 문제를 고민하고 구체적인 방법을 선택해야만 이 관계에서 발언권을 가질 수 있다. 자신들이 이미 성인으로서 스스로 원하는 생활을 선택할 능력이 있음을 행동으로 증명해야 한다. 그럴 수 없다면 부모님의 방식을 따를 수밖에 없다.

인생에 대한 만족감은 자기 삶의 무게를 타인에게 지우지 않고 모든 책임을 스스로 감당할 때 누릴 수 있다. 타인에게 의존할수록 자유는 점점 줄어든다. 아무런 대가 없이 필요한 모든 것을 얻을 수 있는 관계란 세상 그 어디에도 존재하지 않는다. 독립은 하늘에서 갑자기 뚝 떨어지는 것이 아니며 싸워서 얻어내고 지켜야 하는 것이다. 자기 자신을 스스로 감당할 수 있음을 증명해야만 남에게 존중받을 수 있다.

인간관계를 잘라낼 권력을 갖고, 남에게 휘둘리지 않고 자유롭게 살고 싶다면 스스로 충분한 능력을 가져야 한다. 어떤 관계든 두려움

없이 용감하게 포기할 수 있으려면 여러 가지 내적 조건과 외적 조건을 갖추어야 한다. 성장은 결코 쉬운 일이 아니지만 문제를 회피하지 않고 똑바로 바라본다면 해결하기가 생각만큼 어렵지 않다는 사실을 알게 될 것이다. 첫걸음을 내딛는 것이 가장 어려운 법이다.

지나친 독설에 상처받지만
선배의 손을 놓을 수 없다

자신의 능력과 가치를 높이는 일보다
기대고 있는 언덕에서 떨어지지 않고 버티는 데
더 많은 노력을 쏟아붓고 있지 않은가?

치밍(啟明)은 예술가였다. 운 좋게 처음 발표한 작품이 한 선배의 눈에 들어 그 선배를 통해 많은 사람을 알게 되었다. 그리고 그렇게 쌓은 넓은 인맥 덕분에 자기 분야에서 빠르게 자리 잡을 수 있었다.

하지만 선배와 사이가 가까워질수록 선배는 치밍의 창작 활동에 점점 더 심하게 간섭했다. "디자인이 너무 어설퍼. 자네가 이제 막 시작한 풋내기인가? 어떻게 이렇게 황당한 실수를 저지를 수가 있어?" "이런 작품을 누가 돈을 주고 사겠어? 자넨 참 얼굴도 두껍군" 같은 말로 서슴없이 그의 작품을 깎아내리는 선배 때문에 큰 상처를 받았다. 치밍이 선배와 점점 거리를 두고 가급적 마주치지 않으려 하자 얼마 후 그걸 눈치챈 선배가 그를 다독였다.

"필요한 게 있으면 혼자서 끙끙 앓지 말고 언제든 찾아와. 서로 도와야 다 같이 잘 살지."

"후배는 많지만 그중에서 자네가 제일 마음에 들어. 도움이 필요하면 말만 해. 힘닿는 데까지 도와줄 테니까?"

치밍은 당혹스러웠다. 어떻게 해야 이 선배와의 관계에서 적당한 거리를 찾을 수 있을지 도무지 알 수가 없었다. 심지어 소통의 기술을 배워보기도 했지만 상황은 좀처럼 나아지지 않았다. 선배는 여전히 날카로운 언사로 호된 비판을 쏟아냈고 그런 다음에는 또 언제 그랬냐는 듯 아무렇지 않게 행동했다. 그 선배와 대화를 나눌 때마다 치밍은 울분을 삭이며 참고 또 참아야 했다.

친구는 치밍에게 다른 길을 찾아보는 게 좋겠다고 충고했다. 그러나 치밍은 아직 지명도가 높지 않은 자신이 선배와의 관계를 끊으면 앞으로 어떻게 될지 알 수 없는 데다가 잘못하면 나쁜 평판까지 따라올지 모른다는 생각에 선뜻 결정을 내릴 수가 없었다.

능력 부족:
자신감 결핍으로 인한 외재적 의존

어릴 적에 선생님들은 '거인의 어깨에 올라서야' 더 멀리 내다볼 수 있다며 혼자 힘으로 모든 걸 개척하는 것도 훌륭하지만 남의 도움을 받는 것 역시 중요하다고 말씀하시곤 했다. '인맥'의 중요성을 알려주는 책을 봐도 인간관계를 이용하면 더 빠르고 수월하게 성공할 수 있다고 강조한다. 그래서 나도 창업 초기에는 치밍처럼 같은 업계의 유명한 선배들에게 도움을 받거나 이름 있는 기업과 협력해 회사를 알리려고 노력했다. 유력인사의 도움이 없으면 험난한 시장에서 살아남기 힘들다고 생각했다.

시장을 개척하는 건 아주 힘든 일이라는 전제가 있었기 때문에 남의 힘을 빌려야만 어려움을 돌파할 수 있다고 믿었다. 시장을 진지하게 이해하려 하지 않고 남의 눈에 드는 데에만 모든 노력을 집중했다. 그러다가 정말로 도움을 받게 되자 이번에는 그 도움이 끊기면 회사가 큰 타격을 입을 것이라 걱정하며 그 관계에 더 집착하고 상대에게 호감을 얻기 위해 노력했다. 그런데 이런 나의 생각을 눈치챈 상대가 점점 더 거만한 태도로 나를 대하기 시작했다. 나는 그제야 거인과 손잡는 것이 쉬운 일이 아님을 깨달았다.

거인이 무엇을 좋아하는지 알지 못하면 언제든 거인의 어깨 위에서 떠밀려 떨어질지 모르는 것 아닌가? 거인이 느닷없이 화풀이로 어깨 위에 있는 나를 툭 밀어버리면 나는 영문도 모른 채 추락하고 말 것이 아닌가?

직장인도 예외는 아니다. 특히 대기업에서 일하는 사람일수록 억울하거나 불쾌한 일을 당해도 쉽게 회사를 그만두지 못한다. 퇴사하고 대기업의 아우라를 잃어버리는 게 두려워 인내심의 한계를 시험하듯 참고 또 참는다.

도움의 가치를 부정하거나 대기업 직원들이 헛된 명예를 위해 회사를 떠나지 못한다고 조롱하려는 것이 아니다. 더 빠르고 쉬운 지름길을 찾으려다가 자칫 사고의 함정에 빠지기 쉽다는 사실을 말하고 싶은 것이다. 쉽고 편한 길이라고 믿었지만 사실은 그렇지 않을 수도 있다.

어차피 거인의 발밑에 길게 줄 서 있는 사람들과 경쟁해야 한다면 그 노력을 타인의 환심을 사는 데가 아니라 자신을 충실하게 하는 데 쏟을 수 있지 않을까? 때로는 직접 한 발 한 발 내딛어 계단을 오르는 것이 엘리베이터를 타는 것보다 더 빠를 수 있다. 남의 도움에 너무 의존하면 오히려 방향을 잃고 판단력을 상실할 수 있다.

치밍이 선배를 떠나지 못한 이유는 스스로 시장을 개척할 자신이 없어서다. 그러므로 이 관계가 대등하지 못하다는 사실을 알아도 쉽게 관계를 끊지 못했던 것이다. 기생 관계가 오래될수록 스스로 미래를 개척할 수 있는 권한을 상실하게 된다. 직접 땀 흘려 일해서 자기 브랜드를 일궈내겠다는 결심이 없으면 남의 땅에서 소작농으로 살 수밖에 없다.

표면적으로 보면 치밍에게 필요한 건 선배와의 관계를 끊는 것이지만 사실 선배는 치밍의 심리가 투사된 대상일 뿐 그가 정말 잘라내야 하는 건 권위를 우러러보고 의존하는 그의 마음이었다. 그런 마음 때문에 그는 자신의 능력과 가치를 쌓는 일보다 기대고 있는 언덕에서 떨어지지 않고 버티는 데 더 많은 노력을 쏟고 있었던 것이다.

치밍이 자신과 타인의 관계를 대등하지 않은 '기생' 관계에서 서로 도움이 되는 '공생' 관계로 바꾸고 싶다면 타인에게 의존하지 말고 자기만의 향기를 만들어내야 한다. 꽃이 활짝 피면 나비가 저절로 날아오듯이 타인이 대체할 수 없는 전문성과 실력을 갖춘다면 인맥과 고객은 언제든 따라오기 마련이다.

3부

관계 정리 전, 마음 다지기

관계 정리의 최대의 적,
죄악감 버리기

내가 나답게 사는 건
나를 사랑하는 사람들을 배신하는 것이 아니다

누가 죄악감을
주입하는가

자신을 소모시키기만 하는 사람을 쉽게 떠나지 못하는 가장 흔한 이유는 '죄악감'이다. 죄악감 때문에 차마 인연을 끊거나 상대와 거리를 두지 못하는 사람이 많다. 그들은 남의 요구를 거절하는 건 이기적인 행동이라고 생각한다.

이런 생각은 성장 과정에서 생겨난 것이다. 부모나 선생님, 중요한 사람이 죄악감을 주입함으로써 감정을 조종해 아이의 행동을 통제하려 한 결과다. 예컨대 이런 식이다.

"왜 이렇게 조금 먹어? 엄마가 음식을 대충 만든 것 같아? 엄마 음식 솜씨가 별로라서 그러니?"

"내가 널 키우느라 얼마나 많은 돈을 들였는데 의대에 가지 않겠다고? 죽어서 무슨 낯으로 네 할아버지를 뵈라는 거야?"

"네 나이가 몇인데 아직 결혼할 생각을 안 해? 남들이 들으면 너한테 무슨 문제가 있는 줄 알 거야. 부끄러워서 얼굴을 들고 돌아다닐 수가 없구나."

물론 악의를 가지고 이런 말을 하는 것은 아니다. 아이가 잘되기를 바라는 마음에 하는 말이지만 아이는 자신이 말을 듣지 않으면 어른이 상처를 받고 자기는 나쁜 아이가 될 거라고 생각한다. 어른을 기쁘게 하기 위해 또는 자신이 착한 아이라는 걸 증명하기 위해 아이들은 자신이 원하는 걸 포기하고 어른이 원하는 대로 따른다.

사실 그런 논리라면 세상에 착한 사람은 하나도 없을 것이다. 하지만 이런 말들은 아이를 독립적으로 사고하지 못하게 하고 자기 주관을 억누른 채 타인이 원하는 대로 반응하게 만든다. 아이들은 원하는 걸 스스로 포기하는 게 고통스럽지만 그 고통스러운 마음조차 가져선 안 된다고 생각한다.

한번 죄악감이 주입된 사람들은 "당신은 더 나은 대우를 받을 가치가 있어요. 당신에겐 자신이 원하는 인생을 살 권리가 있어요." "당신이 바로 당신 인생의 감독이에요. 남들과 다른 특별한 영화를 만들 수 있어요"라고 아무리 말해줘도 그것이 자신을 사랑하는 사람들을 배신하는 일이라고 생각한다. 이런 생각을 잘라버리지 않으면 아무리 자신을 바꾸려 해도 금세 다시 엄청난 죄악감에 휩싸여 예전 모습으로 돌아가 버린다.

타인의 평가에 예민한 당신

죄악감은 관계 속에서만 나타나는 독특한 반응이다. 어떤 물건을 망가뜨렸을 때 우리는 그 물건이 아니라 물건의 주인에게 미안함을 느낀다. 어떤 관계를 포기하고 살던 집을 떠날 때도 집에 죄악감을 느끼는 것이 아니라 그 집에 살고 있는 사람들을 어떻게 대해야 할지 몰라 난감해한다. 직장을 그만둘 때도 자신이 맡았던 일에 죄악감을 느끼는 것이 아니라 자신을 믿어주고 도와주었던 사람들에게 부끄러움을 느낀다.

죄악감은 타인의 평가에 너무 연연하기 때문에 생기는 감정이다. 남을 실망시키기 싫어서 차라리 자기 자신에게 미안한 쪽을 선택한다. 이건 아주 복잡한 감정이다. 슬픔(타인에게 느끼는 미안함), 혐오(타인을 실망시킨 자신에 대한 혐오), 분노(자신이 할 수 없는 것에 대한 분노), 두려움(처벌에 대한 두려움)이라는 네 가지 감정이 뒤섞여 있다. 하지만 이 네 가지 감정이 인간의 타고난 본능인 것과는 다르게 죄악감은 후천적으로 학습된 감정이다. 죄악감의 원인을 이해하려면 이 단어를 '죄', '악', '감' 세 글자로 분리해 해석해야 한다.

'죄'가 성립되는 근본 요인은 집단에 있다. 가족이든 종교든 사회든 집단이 순조롭게 돌아가도록 하기 위해 사람들은 규칙이나 율법을 세워놓고 그걸 위반하는 행위는 모두 죄로 정의했다. 목적은 사람들이 두려움을 느끼도록 만드는 데 있다.

'악'은 이런 규칙을 근거로 선악을 구분함으로써 생겨나며 사람들은 그걸 위반하면 스스로 나쁜 사람이라고 느낀다.

'감'이란 일종의 심리 상태다.

죄악감이 성립하려면 우선 이 말 속에 담긴 가치판단 기준과 게임의 룰을 받아들여야 한다. 예컨대 보수적인 전통문화에서는 자식을 낳지 않는 걸 가족의 단결과 조화를 깨뜨리는 행위로 규정한다. 만약 이 논리를 받아들인 여자가 어떤 이유로 아이를 낳을 수 없을 경우(자의에 의해서든 타의에 의해서든) 그녀는 심한 죄악감에 시달릴 뿐 아니라 남들에게 배척당하거나 처벌받을까 봐 두려워하게 된다. 하지만 출산을 여자의 유일한 존재 가치로 여기지 않는 문화권에서 자란 여자들은 아이 낳기를 거부하더라도 죄악감을 느끼지 않는다.

다시 말하면 사람에게 죄악감을 느끼게 하는 건 어떤 일 자체가 아니며 그 사람이 어떤 관점이나 논리를 인정하느냐에 달려 있다. 똑같은 일이라도 어떤 사회 혹은 환경에 사느냐에 따라 어떤 사람은 죄악감을 느끼고 어떤 사람은 애초에 그것이 죄악감을 느껴야 하는 일이라고 생각하지 않는다.

죄악감은 사람의 행동과 사고 능력을 마비시키기 위해 존재한다.

죄악감의 정체를 알았다면 이제 인간관계를 정리할 때 가장 흔히 나타나는 이 죄악감에 어떻게 대응해야 할지 생각해보자.

12년 사귄 여자친구와 헤어질 수 없는 이유

쯔하오(子豪)와 여자친구는 12년이나 사귄 연인이다. 양쪽 부모 모두 두 사람이 당연히 결혼할 것이라 생각하고 있다. 하지만 쯔하오는 점점 자신이 없어졌다.

여자친구와는 캠퍼스 커플이었고, 대학을 졸업한 뒤 두 사람 모두 은행에 취업했다. 생활 패턴이 비슷한 데다 서로를 잘 이해해 특별할 건 없지만 행복한 연인 관계가 유지되었다.

그런데 단조로운 은행 업무에 염증을 느낀 쯔하오가 인테리어 디자이너로 전향하기로 결심한 뒤 여자친구와 다투는 일이 많아졌다. 여자친구는 인테리어 디자이너가 되면 밤낮없이 설계도를 그리고 후줄근한 옷차림으로 공사 현장에 드나드는 데다 수입도 불안정하다며 못마땅하게 생각했다. 쯔하오는 여자친구를 만날 때마다 또 그녀의 심기를 건드려 다투게 될까 봐 가슴을 졸여야 했다.

시간이 흐를수록 쯔하오는 여자친구와 의견 차이가 점점 커지는 걸 느꼈지만 헤어지자고 말할 용기가 없었다. 여자친구의 꽃다운 청춘 시절을 허비하게 만든 나쁜 놈이라고 손가락질당할까 봐 두려워 자기 감정에 솔직해질 수가 없었다.

이 사례에서 쯔하오가 자신에게 '죄'가 있다고 생각하는 건 그가 어릴 적부터 받아온 교육 때문이다. 남자는 여자를 보살피고 보호해야 한다. 여자 가슴에 대못을 박아선 안 된다. 한 번 육체관계를 맺었다면 여자를 끝까지 책임져야 한다. 만약 그 사실이 알려지면 여자는 수치를 당하고 평생 불행하게 살아야 한다. 이런 관념을 수없이 주입당한 그는 오랫동안 자신의 곁을 지켜준 여자친구를 배신해선 안 된다고 생각했다. 하지만 이성적으로는 이 관계를 계속 유지한다면 다툼이 점점 심해지고 나중에 결혼하더라도 행복할 수 없다는 사실을 잘 알고 있었다.

헤어지고 싶은 마음은 있지만 오랜 신념을 거스르는 일이기 때문에 망설이고 고민했다. 이별을 고민한다는 사실만으로도 죄악감이 생겨나 그의 행동과 사고를 마비시킴으로써 규칙을 위반하는 그 어떤 행동도 하지 못하게 가로막았다.

죄악감은 사람을 고통스럽게 할 뿐 아니라 아무런 변화조차 시도하지 못하게 만들어 관계의 충돌을 줄인다. 이것은 일종의 자기 보호 메커니즘이다.

행동과 사고를 마비시키는
죄악감의 힘

변화를 시도하지 않는 건 기존의 방법에서 이득을 얻을 수 있기 때문이다. 자신이 그걸 자각하든 자각하지 못하든 말이다. 상대가 변하기를 바란다면 기존의 방식이 얼마나 불합리한지 설득하기보다는 새로운 선택도 기존의 방식만큼 또는 그 이상 그에게 이득이 된다는 걸 보여줘야 한다. 그렇게 함으로써 자신이 갖고 있는 기존의 가치관이 어떻게 형성된 것인지, 시대가 바뀌고 사회가 변했음에도 그 논리가 여전히 적절한지, 적절하지 않다면 어떻게 바뀌어야 하는지 진지하게 생각해보도록 유도하는 것이다.

쯔하오의 가치관은 전통적인 가부장 사회에 뿌리를 두고 있었다. 옛날 여자들에게는 배울 기회가 주어지지 않았고, 경제적인 능력이 없어 남자에게 의지해야만 생존할 수 있었기 때문에 남자가 여자를 부양해야 한다는 관념이 있었다. 하지만 지금은 시대가 변해 여자들도 독립적으로 사고하고 경제적으로 자립할 능력을 갖고 있다. 따라서 자아실현 욕구나 정신적으로 추구하는 이상을 무시한 채 오로지 생존과 번식을 위해 결혼한다면 설령 결혼이라는 틀로 관계를 더 단단히 묶는다 해도 공허함과 고독감은 사라지지 않을 것이다.

쯔하오가 정말로 인테리어 디자이너라는 직업에 열정과 꿈을 품고 있다면 먼저 여자친구를 이해시키려고 노력해야 한다. 그런 뒤에도 여자친구가 마음을 돌리지 않는다면 이별함으로써 서로가 더 완전한 사람이 될 수 있도록 공간을 비워주는 것이 최선의 방법이다. 이별을 피하기 위해 자신이 진정으로 원하는 걸 포기한다면 장기적으로 볼 때 결코 좋은 선택이 아니다.

상대가 불행할 거라는 사실을 알면서도 고집스럽게 붙잡아두는 것이야말로 상대의 젊음을 허비하는 행위이며, 자신의 걱정을 솔직하게 인정하는 것이야말로 진정으로 책임감 있는 행동이다. 상대가 그걸 받아들이지 못한다면 이별하고 자신에게 더 잘 어울리는 행복을 찾는 것이 서로에게 가장 좋은 선택이다. 죄악감의 굴레에서 벗어나야만 행동할 능력을 되찾고 이별 과정에서 찾아오는 실의와 우울함을 극복할 수 있다.

시대에 맞게 가치관을
업그레이드하라

어떤 관계에서 최선을 다해 진심으로 소통했지만 상황이 조금도 나아지지 않고, 상황을 변화시키고 싶지만 죄악감 때문에 괴롭다면 머릿속에서 돌아가고 있는 오래된 논리 프로그램에 대해 다시 생각해볼 필요가 있다. 그 프로그램이 언제 설치되었는지, 혹시 오래된 버전은 아닌지, 최신 버전으로 업그레이드해서 더 원활하게 돌아가도록 할 수는 없는지, 프로그램이 너무 오래돼서 컴퓨터를 다운시키지는 않을지 말이다. 아인슈타인은 이렇게 말했다.

"똑같은 일을 비슷한 방법으로 계속하면서 나아질 것을 기대하는 것만큼 어리석은 일은 없다."

죄악감은 우리가 변화를 시도하지 않고 기존 방법을 고수하게 만드는 가장 큰 원인이다. 더 나은 발전을 꿈꾸며 현 상황을 초월해 성장하기를 바라는 건 자연스러운 일이다. '죄인'이라고 자책할 필요 없다. 그렇게 무거운 짐을 짊어지고서는 어디도 갈 수 없다.

갈등과 정면으로
마주할 용기 기르기

타인과의 관계에서 분명한 경계를 세우지 않으려는 사람은
그 관계에서 큰 이득을 얻고 있기 때문이다

너무 사랑해서
문제

수많은 관계 속에서 가장 잘라내기 힘든 관계가 바로 가족 관계, 특히
부모와의 관계다. 자식이 부모 곁에 있고 싶어 하고 부모에게 인정받
고 싶어 하는 것은 타고난 본능이자 욕구다. 자식은 부모에게 사랑받
길 원하고 또 부모를 보호하려 한다. 부모가 힘들고 괴로워하면 자식
도 괴롭다. 특히 부모를 고통스럽게 하는 원인 제공자가 바로 자신이
라면 더욱 괴로울 수밖에 없다. 유명한 에세이 작가 장만쥐안(張曼娟)
은 이렇게 말했다.

"아이는 부모를 너무 사랑하기 때문에 부모를 실망시킬 수 없다.

하지만 부모의 기대를 저버리지 않아야 한다는 생각이 앞서면 자기 자신으로 살 기회를 놓치게 된다."

그녀가 생각하는 부모와 자녀의 가장 큰 문제는 너무 사랑해서 자신이 원하는 걸 포기하는 것이었다.

엄마 인생일까, 내 인생일까

"어떻게 해야 내가 다 컸다는 걸 엄마가 인정할 수 있을까요?"

자위(嘉瑜)에게 이것은 가장 간절한 바람이자 가장 풀기 힘든 난제였다.

스물다섯 살인 자위는 부모와 함께 살고 있었다. 그녀는 아직도 밤 10시 통금 시간을 지켜야 했고, 외박도 할 수 없었다. 남자와 단둘이 어디를 갈 수도 없었고 어디서 무슨 일을 하는지, 직장에서 요즘 어떤 프로젝트를 진행하고 있는지 사전에 엄마에게 알려야 했다. 자위가 작은 불만이라도 이야기하거나 말대꾸를 하면 엄마는 하늘이 무너진 것처럼 슬피 울며 힘들게 키워준 부모 생각은 조금도 하지 않는 불효녀라고 그녀를 나무랐다. 그럴 때마다 자위는 죄악감을 느꼈고 엄마와의 갈등을 피하기 위해 엄마가 정한 규칙에 따랐다.

이런 엄마와의 관계가 자위에겐 큰 스트레스였다. 엄마가 심하게 간섭하고 개입함으로써 자신과 엄마 사이에 경계선을 그을 수가 없었다. 수없이 대화를 시도했지만 엄마는 자신의 방식을 바꿀 생각이 전혀 없었다. 자위가 엄마의 잘못된 방식을 지적할 때마다 엄마는 "널 키우기 위해 쏟아부은 것 중에 제일 비싼 건 학비가 아니라 바로 내가 포기한 일이야"라는 말로 자위의 죄악감을 자극했다.

자위와 엄마는 '요구' → '반항' → '협박' → '자책' → '억압'이라는 끝나지 않는 윤회에 빠진 것 같았다. 엄마가 자신이 피해자임을 상기시키기만 하면 자위는 백기를 들고 투항했다.

자위의 엄마는 예전에 무역회사에 다녔다. 연봉도 괜찮고 직급도 높았지만 뚜렷한 성과를 내지 못하고 슬럼프에 빠졌다가 마침 자위를 임신하자 육아를 이유로 퇴사해 전업주부가 되었다.

아이를 위한 결정이라고 했지만 옛 동료들의 승진 소식이 들려올 때마다 우울했다. 아이의 성장기는 평생 단 한 번뿐이니까 육아에 집중하기로 한 자신의 결정이 가치 있는 선택이었다고 스스로 마음을 다독였다.

자위가 학교에 들어간 뒤 시간에 여유가 생기자 다시 직장을 구하고 싶었지만 무역회사처럼 업무량이 많은 업종으로 돌아가자니 직장 일과 가정일을 병행하기 힘들 것 같았고, 다른 직종으로 바꾸자니 나이가 많아서 힘들 것 같았다.

이런 실의와 두려움을 어떻게 해결해야 할지 몰랐던 엄마는 이 상황을 회피하고 좋은 엄마인 척 연기하며 자신의 가치를 확인하려 했다.

엄마에게 자위는 성취감을 얻을 수 있는 유일한 대상이었다. 엄마는 인생에 실패한 것 같은 초조함을 떨쳐내기 위해 딸을 자기 인생의 중심으로 삼아야만 했다. 자위를 자기 인생에서 가장 자랑스러운 작품이자 성과로 만들어야 했다.

엄마는 자신과 딸의 '자아실현'을 동일시하며 딸이 자라서 성인이 되었다는 사실을 받아들이려 하지 않았다. 딸이 자기 인생을 스스로 결정할 나이가 되었다는 것은 더는 엄마라는 이름을 이용해 딸에게서 성취감을 얻을 수 없다는 뜻이었기 때문이다.

딸이 자기만의 공간을 갖고 사생활을 지키려 한다는 사실은 더더욱 인정하지 않았다. 그건 딸에게 거절당하는 것이라고 생각했다. 엄마는 잠재의식 속에서 딸의 거절을 예전에 회사에 다니며 느꼈던 좌절 및 슬럼프와 연결시켰던 것이다.

분리할 지점을 파악하다

엄마가 자기 인생의 과제를 딸에게 대신 지우고 있는 상황에서 자위는 어떻게 해야 할까?

나는 전작 『거절 잘해도 좋은 사람입니다』에서 타인과 분명한 경계를 세우지 않으려는 사람은 그 관계에서 큰 이득을 얻기 때문에 변화의 필요성을 느끼지 못하는 것이라고 말했다. 이런 상황에서는 이 관계 때문에 고통받는 사람이 적극적으로 변화를 시도해야 한다.

인간관계를 정리할 때든 관계에 일정한 경계선을 그을 때든, 제일 어려운 일은 구체적인 방법이 아니라 문제의 근본 원인을 외면하지 않고 용감히 맞서기로 결심하는 것이다. 자위는 '자신에 대한 엄마의 사랑'과 '엄마 자신의 인생'을 구분하는 법을 배워야 했다. 이 두 가지가 뒤섞여 너무 많은 감정이 얽혀 있었기 때문이다. 엄마가 자신을 사랑하는 건 사실이지만 그렇다고 해서 모든 걸 엄마가 원하는 대로 해야 하는 건 아니다. 엄마 말에 따르지 않으면 의무를 내팽개쳤다는 생각에 엄마에게 미안해지고, 그러다 보면 엄마가 원하는 대로 해주기 위해 자기가 진정으로 바라는 걸 포기해야 한다.

나는 자위에게 엄마에게서 독립하는 건 하루아침에 간단히 할 수 있는 일이 아니며 그 과정에서 수많은 갈등과 의심을 극복해야 할 것이라고 말했다. 독립하는 과정은 그녀와 엄마가 또 한 번의 '출산'을 경험하는 것과 같다. 두 사람 모두 생리적, 심리적으로 완전히 분리되는 과정이기 때문이다.

잘라내는 것과
버리는 것은 다르다

사춘기에는 호르몬이 불안정해 툭하면 부모님과 충돌하곤 한다. 하지만 조물주가 인간에게 사춘기를 부여한 이유는 부모와 자식이 서로 상처를 주라는 뜻이 아니라 이 질풍노도의 과정을 겪으며 부모와 자식이 서로에게서 독립하는 형태로 관계를 변화시키면서 각자의 인생길을 힘차게 나아가라는 뜻일 것이다.

이 과정에서 아이는 자아의 가치를 확실히 알고, 타인의 인정을 갈구하는 단계에서 벗어나 자기정체성을 확립해야 한다. 이때 부모는 아이의 손을 놓아주고 아이가 다양한 시행착오를 겪으며 자기만의 자리를 찾을 수 있도록 도와주어야 한다. 이 시기의 적당한 반항은 부모가 자식에 대한 생각을 변화시키고 새로운 소통 방법을 찾을 수 있도록 하는 순기능이 있다. 그래야만 아이가 더 넓은 공간에서 자신이 가진 잠재력을 탐색할 수 있다. 그와 동시에 양육의 책임을 내려놓은 부모는 다시 자기 자신에게 집중하며 인생의 다음 단계에서 자신이 수행해야 할 과제가 무엇인지 인식하고, 나아가 더 의미 있는 노년 생활을 영위할 준비를 시작할 수 있다.

독립 과정에는 적잖은 충돌과 갈등이 따라오고 부모와 자녀가 모두 심리적으로 심한 스트레스를 받기 마련이다. 하지만 분리는 반드시 거쳐야 하는 과정이다. 태아가 산도를 통해 밖으로 나올 때 엄마는 엄청난 고통을 참아야 하지만 그렇게 나와서 '탯줄'을 잘라야지만 아이가 비로소 세상에 태어나 자신의 기관만으로 숨 쉬고 생명을 유지할 수 있다. 이와 마찬가지로 아이가 자라서 서서히 자주성이 확립된 뒤에는 부모의 '기대'를 잘라내야만 부모의 복제품이나 꼭두각시가 아니라 온전한 자기 모습으로 성장할 수 있다.

세상에 태어날 때 좁은 산도를 힘겹게 빠져나와야 하듯이 성인으로 다시 태어나는 과정에서도 눈물을 흘리고 갈등을 겪어야 한다. 그건 서로의 차이를 확인하고 자유롭게 성장할 수 있는 공간을 내어주기 위함이다. 반항기가 일찍 시작되는 사람도 있고 조금 늦게 찾아오는 사람도 있지만 적당한 반항은 절대로 나쁜 일이 아니다. 더 넓은 심리적 공간에서 진정한 독립으로 나아가길 갈망하고 있다는 의미다.

가정에서 원만한 분리를 경험한 아이들은 앞으로 직장이나 사회에서 다른 관계를 맺을 때도 적당히 취사선택을 할 수 있다. 스트레스만 주는 관계는 용감히 잘라내고, 착한 사람이라는 평가를 받기 위해 또는 죄책감 때문에 관계를 끊지 못한 채 계속 고통받지도 않는다.

반면 원가족(family of origin) 안에서 자아를 인식하지 못하고 얌전히 부모 말에만 따랐던 아이는 사회에 나가서도 인간관계 문제로 끊임없이 고통받는다. 또한 그들의 연로한 부모님은 계속해서 인생의 중심을 자식에게 둔 채 빈 둥지 시기가 찾아왔다는 사실이나 죽음에 대한 두려움을 외면하고 회피한다. 양쪽 모두 진정한 독립을 이루지 못했기 때문에 얼마나 나이를 먹든 심리적으로는 계속해서 단단한 공생 관계를 고수한 채 서로의 부족함을 채워주며 살아간다.

사랑이 고통이 되는 것을 막기 위하여

사람은 일생에서 두 번 태어난다. 첫 번째 출생이 육체적 분리라면, 두 번째 출생은 심리적 독립이다.

다른 점은 두 번째 출생은 우리가 기억하고 느낄 수 있기 때문에 갓 난아기 때와 달리 모든 어려움을 무릅쓰고서라도 서둘러 독립을 완수 하려 한다는 점이다. 그 과정에서 방황할 수도, 주저할 수도 있고 자신 이 잘못하고 있는 건 아닌지 걱정할 수도 있다. 따라서 고통스러울 수 밖에 없다. 아주 깊은 사랑과 단단한 연결고리가 이 관계를 맺어주고 있지만 단호하게 잘라내야만 부모도 자기 인생의 의미를 탐색할 자신 만의 공간을 가질 수 있다. 엄마의 외로움과 공허함까지 자식이 책임 져야 하는 것은 아니다. 그걸 해결하는 건 엄마 자신의 몫이다.

잘라내는 건 버리는 것이 아니다. 각자에게 그보다 더 중요한 사명 이 있음을 분명하게 아는 것이다. 서로 더 완전한 사람이 되기 위해 반드시 관계 속에서 자라난 마음의 짐을 정리하고 적절한 경계선을 그려야 한다. 그래야만 '친밀함'과 '독립' 사이에서 균형을 찾고, 관계

속에서 자기 자신을 잃지 않으며, 사랑이 고통의 원인이 되는 것을 막을 수 있다.

부모에게 이유를 알 수 없는 죄책감을 느끼고, 부모가 자신을 위해 많은 걸 희생했으므로 부모와의 관계를 내려놓고 자기 인생을 사는 것은 죄를 짓는 일이라고 생각한다면, 이기적인 사람이라는 남들의 비난이 두렵다면 자기 자신에게 이렇게 물어보라. 이것이 정말로 관심과 사랑 때문인지 아니면 또 다른 도피인지. 부모와 자식 모두 지금 단계에서 극복해야 할 고비를 용감하게 마주하지 않고 도망치고 있는 것은 아닌지 말이다.

희생하고 소유하는 것만이 사랑은 아니다. 필요하다면 손을 놓을 수도 있다. 그것이 양쪽 모두 더 완전한 사람이 되는 방법이다.

잃는 것에 대한
두려움 이겨내기

내가 할 수 있는 건 내 입장을 분명하게 말하는 것

딱 그것뿐이다

두려운 게
당연하다

모든 변화에는 시행착오가 따르고 적응할 시간이 필요하다. 관계를 정리하는 과정에서 충돌은 불가피하다. 관계를 맺고 있던 사람과 거리를 두려고 하면 상대는 거절당했다는 불쾌감에 화를 내며 당신을 나무랄 수도 있고, 조롱하며 더 멀리할 수도 있다. 그러면 당신은 자신이 잘못한 건 아닌지 고민하고, 혹시 보복이나 따돌림을 당하는 건 아닌지 두려울 것이다. 그런 두려움 때문에 상대의 마음을 풀어주고 순종하거나 굴복해 예전 방식으로 돌아간다면 상대는 그 방법으로 당신을 통제할 수 있다는 걸 알게 될 것이고 관계는 점점 더 기울어질 것이다.

나의 책임은
어디까지인가

한 독자에게 이런 질문을 받은 적이 있다. 동료가 자꾸만 상사의 지시를 핑계로 본인 업무를 자신에게 미루는데 이걸 어떻게 하면 좋겠냐는 것이었다.

나는 그녀의 상황을 자세하게 물어본 뒤 자신의 책임이 어디까지인지 분명하게 판단하고 그 이상의 요구를 해오면 자기 입장을 설명하며 거절하라고 충고했다. 그런데 그녀는 난처한 표정을 지으며 계속 이렇게 말했다.

"하지만……." "그래도……." "그렇지만……."

그걸 보고 그녀의 근본적인 문제를 발견할 수 있었다. 그녀는 거절하는 법을 모르는 것이 아니라 거절당한 동료의 얼굴에 순간적으로 스치는 민망한 표정을 참지 못하는 것이었다. 그녀는 친구, 전문가, 심리상담사 등에게 같은 질문을 반복하며 완벽한 해결 방법을 찾으려 했다. 그녀가 생각하는 완벽한 방법이란 동료의 무리한 요구에 시달리지 않으면서도 친절하고 너그러운 사람이라는 자신의 이미지를 해치지 않으며 그 누구에게도 비난받지 않을 수 있는 방법이었다.

하지만 이건 헛된 망상이다. 사람이 타인의 반응에 영향받지 않는 건 결코 불가능하기 때문이다. 누구의 잘못이든 상관없이 거절당한 상대가 내게 호의적으로 반응해주길 바란다면 그건 상대의 속임수에 빠지고 싶다는 뜻이다.

유일한 방법은 자기 입장을 분명하게 말하는 것이다. 우리가 할 수 있는 건 거기까지다. 상대가 어떻게 반응하는지는 그의 선택이며, 우리는 그 선택을 존중해야 한다. 그래야만 이 관계에 새로운 소통 방식이 생긴다. 그것 외에는 그 어떤 방법도 상대를 자기 뜻대로 움직이려는 수단일 뿐이다.

무통분만이나 억지로 봉합하는 소통 방식을 찾으려고 애쓰기보다는 내가 왜 그렇게 남의 반응에 신경 쓰는지, 내가 두려워하는 것이 무엇인지, 내가 원하는 게 그 사람인지 아니면 그에게서 얻을 수 있는 간접적인 이득인지 확실히 알아야 한다.

당신도 그 독자와 똑같은 두려움을 갖고 있을지 모른다. 상대가 어떤 반응을 보일지 몰라서 무리한 요구를 묵묵히 받아들이고 있지 않은가? 관계에 충돌이 생기는 것을 관계가 분열되거나 단절되는 것과 같다고 생각하고 있지 않은가? 그 때문에 상대에게 자신의 솔직한 감정을 털어놓지 못한 채 이미 쪼개지고 아픈 관계를 붙들고 있지는 않은가?

겉으로 보면 당신은 매우 친절한 사람이고 모든 사람과 원만한 관계를 유지하려고 노력하고 있는 것 같지만 사실 그건 당신이 그 관계에서 진정한 안정감을 느끼지 못하기 때문일 수도 있다. 상대가 진심으로 당신을 좋아하고 있는지 확신하지 못하고 '내 솔직한 생각을 말했다가 그가 날 떠나면 어떻게 하지?'라고 걱정하는 것이다. 사람과의 관계에서 진정으로 받아들여지거나 소속되었다는 느낌을 받은 적이 없기 때문에 서로의 생각이 다르다고 해서 상대가 생각하는 당신의 가치가 사라지진 않는다는 걸 믿지 못하는 것이다.

잃어버릴까 봐 두려워서 꼭 붙잡고 있지만 세게 붙잡을수록 얻는건 점점 줄어든다는 사실을 당신은 모르고 있다.

나는
무엇을 원하는가

정리란 어떻게 보면 관계의 재정립을 넘어 자아에 대한 개념을 다시세우는 과정이기도 하다. 관계를 조금씩 조정하면서 자기 생각을 분명히 말하고, 바깥세상에 대한 의존을 줄이며 타인에게 인정받으려는 습관을 줄여가는 것이다. 그리고 더 중요하게는 자아와 타인의 감정을 구분하는 법을 배우고 더는 남의 감정을 자신의 책임으로 생각하지 않는 것, 다시 말해 상대가 기분 나빠 하는 게 자신의 '잘못'이라는 착각에서 벗어나는 것이다.

정리의 과정에서 아무리 조심하고 아무리 완곡하게 표현해도 상대는 불쾌할 수 있다. 그건 당신만의 문제가 아니다. 상대도 자기 감정과 실망감을 스스로 해결할 필요가 있다. 당신이 상대의 반응에 너무연연하면 당신은 자기 위치를 벗어나 더 많은 실수를 저지르게 된다.

상대에게 새로운 당신을 받아들이고 적응할 시간을 주는 동시에 상대의 오해를 줄일 수 있는 소통 방식을 배워야 한다. 하지만 상대가 흔쾌히 받아들일 수 있는 완벽한 방법을 찾아낸 뒤에 행동하라는 뜻은 아니다. 그건 가장 중요한 선택권을 상대의 손에 쥐여주는 것과 같다.

잘라내는 과정에서 마찰과 갈등이 생긴다고 해서 그것이 반드시 관계의 결렬로 이어지는 것은 아니다. 상대가 당신을 비난하고 변화에 저항한다면 그가 이 관계를 중요하게 여기기 때문이라고 생각하자. 당신을 잃을까 두려워서 꼭 붙잡으려 하는 것이다. 그저 당신을 붙잡을 수 있는 더 나은 방법을 찾지 못했을 뿐이다. 그럴 때 상대에게 또는 마음속으로 이렇게 말하자.

"그래, 기분 나빠서 나를 멀리하거나 날 원망할 수 있어. 그건 당신 권리니까. 하지만 내가 변화를 결심한 건 내 인생을 스스로 책임지고 더 평등한 방식으로 관계를 맺고 싶기 때문이야. 이렇게 하면 우리 둘 다 더 편안해질 거라고 믿어. 당신이 동의하고 따라와 준다면 진심으로 고마울 거야. 하지만 당신이 떠나기로 결정했다 하더라도 진심으로 축복해줄게."

그때 당신의 변화는 평등과 공평함이 무엇인지 보여주는 가장 좋은 본보기가 될 것이다.

인간관계를 정리하기로 마음먹었다면 이 말을 포스트잇에 써서 제일 잘 보이는 곳에 붙여놓길 권한다. 이 말이 세찬 폭풍우 속에서 당신을 지켜주는 우산이 될 것이다.

두려움 때문에 먼저 자신을 한계 짓지 말자. 정리는 서로를 잘 이해하기 위한 것이다. 내가 무엇을 원하는지 말하지 않고서 어떻게 상대가 진정으로 날 알아주길 바랄 수 있는가?

4부
/
관계 정리를 시작하다

타격이 적은
관계부터 정리하기

**관계를 정리하는 것이 매몰찬 거절이 아니고
끊지 못하는 미련이 다정함이 아님을 알아야 한다**

관계 맺음에도
한계치가 있다

영국의 진화심리학자 로빈 던바(Robin Dunbar)는 한 사람이 맺을 수 있는 사교 관계의 최대치가 150명이라는 유명한 연구 결과를 발표했다. '던바의 수(Dunbar's Number)'라고 불리는 이 이론에 따르면 아주 가까워질 수 있는 친구는 150명 가운데 다섯 명밖에 되지 않는다. 인터넷이 발달하기 전인 1990년대에 실시한 연구 결과지만 최근에 진행된 비슷한 연구에서도 이를 크게 넘지 않는 숫자가 나왔다(페이스북 사용자의 평균 친구 수가 155명이라고 한다). 또한 어려움에 처했을 때 도움을 줄 수 있는 사람은 네 명밖에 되지 않는다고 한다.

통신 기술이 고도로 발달했음에도 어째서 이 숫자를 넘지 못하는 걸까? '시간'과 '집중력'이 유한하기 때문이다. 아무리 노력해도 우리에게 주어진 시간은 하루 스물네 시간을 넘을 수 없다. 이건 누구도 바꿀 수 없는 사실이다. 또한 어떤 관계든 하루아침에 만들어질 수 없으며 낯선 사람이 익숙한 사람이 되기까지 거쳐야 하는 과정이 있다. 인터넷은 소식이 전달되는 속도를 단축하는 역할을 할 뿐, 한 사람에 대해 알아가면서 그를 신뢰할 것인지, 상대를 자신의 세계에 얼마나 깊숙이 들여놓을 것인지 결정하려면 실질적인 소통이 이루어져야만 한다.

이런 소셜미디어나 온라인 커뮤니티가 비록 실제 사교 관계의 수를 늘려주지는 못하지만 우리 인생에 한 번 등장한 사람들을 오랫동안 머무르게 할 수는 있다. 예전 같으면 졸업하거나 이직한 후 차츰 기억에서 사라졌을 이름들이 지금은 소셜미디어 속에 그대로 머물러 있다. 온라인에서만 얕은 관계를 유지하고 있을 뿐 실제 생활에서는 이미 연결이 끊어지고 소통이 중단된 사람들을 정리하지 않으면 시간이 갈수록 쌓이고 쌓여 집중력을 분산시킬 수 있다.

실질적으로 무의미해진 관계 또는 스치듯 만난 관계들을 정리하고 조정해야만 유지할 가치가 있는 관계에 집중하며 행복을 누릴 수 있다. 바쁘게 산다고 해서 반드시 삶에 충실한 것은 아니다. 나에게 행복감과 편안함을 주는 관계를 골라낼 수 있다면 관계를 정리하는 것이 매몰찬 거절이나 냉정함이 아니고 끊지 못하는 미련이 다정함이 아님을 알게 될 것이다. '두려움'과 '습관'은 더 나은 변화를 시도하지 못하도록 가로막는 걸림돌이다.

친밀도가 낮은 관계부터 정리할 때 얻을 수 있는 또 다른 장점이 있다. 관계 정리에는 고통과 마찰이 따라오기 마련이다. 의심과 비난을 받으면 자신이 잘못하고 있다는 생각에 움츠러들어 중간에 포기하기 쉽다. 그러므로 친밀도가 낮고 상대적으로 덜 중요한 관계부터 정리를 시작해 점점 중요한 관계로 옮겨간다면 정리 과정에 익숙해지며 자신감을 얻을 수 있다. 또한 여러 번 선별하고 정리하는 과정을 거치며 자신의 기준과 원칙, 성향을 더 정확히 파악하고 진정한 자신에 대해 인식하게 된다. 궁극적으로는 서로 이해하고 편안함을 주는 관계에 집중하며 더 행복한 삶을 살 수 있다.

1단계:
SNS 친구를 정리하라

던바의 수에 따르면 한 사람이 친분 관계를 유지할 수 있는 최대 수가 150명이다. 그런데 페이스북이나 라인의 친구 수 상한선은 5,000명이다. 정상인이 감당할 수 있는 친구 수의 33배나 된다. 소셜미디어가 우리를 정말로 친구 사귀기의 달인으로 만들어줄까?

그에 대한 대답은 '절대로 그럴 수 없다'이다. 소셜미디어가 상한선을 이렇게 높게 설정해놓은 이유는 상업적인 목적 때문이다. 친구들이 올리는 수많은 글과 새로운 소식을 이용해 우리의 관심을 끌고 계속 소셜미디어에 머물게 만들어 광고 효과를 높이려는 것이다. 이처럼 소비를 자극하는 동시에 우리가 소식을 받아들이는 방식을 변화시키고 소셜미디어를 통해 세상을 이해하게 함으로써 우리의 사고와 감정, 행동 반응에 지대한 영향을 미친다.

소셜미디어를 하면 할수록 점점 이런 생각이 들지 않는가? 친구들의 소식을 실시간으로 구경하는 데 너무 많은 시간을 빼앗겨 정말로 관심 있는 것들은 잊은 지 오래다. 자신이 앞으로 뭘 해야 하는지는 모르면서 타인의 동향은 손바닥 들여다보듯 훤히 알고 있다고 착각한다. 남들은 모두 행복한데 나만 우울하게 사는 것 같다.

이런 생각이 든다면 바로 지금이 관계를 정리할 때다. 소식을 접하는 통로를 정리해 가치 있는 소식만 걸러서 듣고, 날마다 접촉해야 하는 사람과 사물을 의식적으로 관리해 생활에 대한 인식을 근본적으로 수정해야 한다.

SNS 친구를 밀어내는 두 가지 방법

휴대폰 또는 컴퓨터에서 사용하고 있는 소셜미디어 프로그램을 실행해 새로 올라온 글을 훑어볼 때마다 씁쓸한 기분이 들지 않는가? 극단적인 생각이나 글, 끊임없는 푸념, 무의미한 셀카, 감성적인 글, 다짜고짜 타인을 공격하거나 시비 거는 글 등. 자신의 감정에 영향을 끼치는 사람들을 심리적 공간에서 싹 내보내고 더는 그들의 소식에 관심을 할애하지 말자.

우리가 올려주는 조회 수, 댓글, '좋아요'가 그들이 아무 가치도 없고 때로는 우리에게 상처를 주는 소식을 만들어내도록 하는 에너지와 양분이다. 상대가 드리우는 먹구름이 세상의 햇빛을 가리게 내버려 두지 말자. 그들을 우리 세계에서 밀어내는 두 가지 방법이 있다. 만약 그 관계를 통해 아무런 상호작용도 하지 못한다면, 즉 상대가 어떻게 반응하든 자신에게 아무런 영향을 미치지 못할 것이라고 판단한다면 그들을 친구 목록에서 삭제하거나 차단해 다시는 연락하지 말고, 내 소식을 알게 하지도 말라.

하지만 그 사람의 발언이 마음에 들지 않을 뿐 가끔 연락할 필요가 있거나 친구 관계가 차단된 걸 상대가 알면 입장이 난처해질까 걱정된다면 우선 '팔로우'만 취소하자. 단지 그것만으로도 상대를 자기 마음속에서 밀어낼 수 있고, 적어도 소셜미디어를 훑어보는 시간을 절약할 수 있다.

또한 앞으로 누구든 나를 친구로 추가하려 할 때 내 동의를 얻도록 설정해놓아야 한다. 너무 많은 관계와 소식 때문에 집중력이 흐트러지고 내부의 심리적 공간이 소모되지 않도록 말이다.

휴대폰 주소록 정리

소셜미디어상의 관계뿐 아니라 휴대폰 주소록도 정기적으로 정리해야 한다. 한 번도 걸지 않은 전화번호나 한 번 만나 명함을 교환한 게 전부인 사람, 오랫동안 연락하지 않은 동창, 동료, 친구, 고객, 거래처 등의 연락처를 삭제해 휴대폰 메모리의 저장 공간을 비우자. 누군가는 이렇게 물을 것이다. 요즘은 휴대폰 메모리의 저장 용량도 충분하고 클라우드를 사용하면 거의 무한대로 정보를 저장할 수 있는데 어째서 그래야 하느냐고. 그러다 어느 날 갑자기 그들에게 연락할 일이 생기면 어떻게 하느냐고 말이다.

주소록을 정리하는 것은 실질적인 필요보다 심리적인 의미가 더 크다는 사실을 인정한다. 주소록이 소셜미디어처럼 알림 메시지를 띄우거나 집중력을 흩뜨리는 것은 아니다. 주소록을 정리하는 목적은 이미 가지고 있는 자원을 점검하고 내게 가치 있는 관계에 더 집중하는 데 있다. 우리가 누군가의 전화번호를 가지고 있다는 건 인생에서 그들과 어느 정도 교집합을 이루었고, 왕래를 가졌으며, 주소록에 계속 남아 있을 만한 사람이라는 뜻이다. 그리고 그렇다면 언젠가는 다시 만나고 싶은 사람들일 것이다. 그런 사람들을 돌이켜보고 점검하는 일은 그들을 기억하고 그들에게 안부를 물어야 한다는 사실을 상기시키는 작업이기도 하다.

어느 날 갑자기 그들에게 연락할 일이 생기면 어떻게 할까? 이 질문은 사람들이 오래된 물건을 버리지 않으면서 언젠가는 필요할 수도 있지 않느냐고 묻는 것과 비슷하다. 우리에게 '그날'이 닥칠 확률은 아주 낮다. 그리고 만약 그날이 온다면 대신할 수 있는 방법이나 물건을 반드시 찾을 수 있을 것이다. 언제 발생할지, 발생할지 발생하지 않을지 모를 상황에 대비해 현재의 공간을 할애할 필요는 없다.

중요한 건 어떤 물건을 남기고 버릴 것인가가 아니라 자신에게 여러 가지 변화에 대응할 능력이 있음을 믿느냐 마느냐다.

상대를 우리 인생에서 내보내며 그동안 내 곁에 있어 주어 고맙다고 생각하는 건 그 관계에 가장 아름다운 마침표를 찍는 일이다.

어려울 때 서로 의지하며 돕는 것보다 남의 일에 신경 쓰지 않는 것이 낫다. 언젠가는 다시 연결될 인연이라면 하늘이 우리가 계속 교제할 수 있는 연결고리를 남겨두었을 것이다.

2단계:
커뮤니티를 정리하라

친밀도가 낮은 관계를 다 정리했다면 이제는 여전히 교류하고는 있지만 무거운 짐이 된 관계를 정리해야 한다. 예컨대 좋은 글귀, 안부 이모티콘, 검증되지 않은 가짜 뉴스, 할인 이벤트 소식 등이 날마다 올라오는 여러 커뮤니티(가족, 직장, 취미, 자녀 학교의 학부모 모임 등)다.

우선 그 커뮤니티에 계속 남아 있을 것인지 결정한다. 이미 실질적인 이득이 없다고 판단했다면 탈퇴할 수 있다. 하지만 아직 조금의 미련이나 책임이 남아서 쉽게 탈퇴할 수 없다면 생활 리듬을 방해하지 않도록 알림을 꺼놓고 가끔 한가할 때 들어가 새 메시지를 정리한다.

커뮤니티에 많은 사람이 속해 있고 그중에서 당신에게 아직 중요하거나 계속 교류하고 싶은 사람이 있다면 탈퇴할 때 자신이 탈퇴하는 이유를 간단히 설명하는 것이 좋다. 예컨대 휴대폰 사용 시간을 줄이기 위해 탈퇴하기로 했다며 지금까지 고마웠다고 인사의 말을 남긴다. 그리고 연락이 필요하면 전화하라고 이야기한 후에 탈퇴하는 것이다.

이유를 구구절절 설명할 필요는 없다. 간단히 통보하듯 이야기하면 된다. 탈퇴할 때 누구의 허락을 받아야 하는 것도 아니다. 예의 바르게 감사 인사를 하는 것은 우아한 뒷모습을 남기기 위함이지 용서를 구하기 위함이 아니다. 나에게 너무 쉽게 연락하지 못하게 하는 것은 내가 아니면 안 되는 일이 무엇인지 혹은 내가 반드시 알아야 하는 일이 무엇인지 인식하고 무차별적인 광고나 통보의 대상이 되지 않는 방법이기도 하다.

유난히 나를 화나게 하는 사람

커뮤니티 친구 외에도 일상생활에서 혹은 직장에서 유난히 당신을 화나게 하거나 인내심을 시험하는 사람이 없는지 점검해야 한다. 예컨대 나는 지각하는 것을 제일 참지 못한다. 나는 누군가와 만나기로 약속하면 거의 대부분 사전에 이동 시간을 예측하고 약속 시간에 늦지 않도록 움직인다. 그래서 누군가가 습관적으로 약속 시간에 늦는다면 그는 이 관계를 중요하게 여기지 않는다고 판단해 나도 그에게 더는 신경 쓰지 않는다.

또 나는 시간관념을 중요하게 생각하고, 더 나아가 상대가 약속한 시간 내에 일을 완성하는지를 중요한 평가 기준으로 삼는다. 만약 상대가 약속한 기한을 지키지 않고 계속 미루기만 한다면, 어떤 건의를 해도 소용이 없다면 나는 그를 천천히 내 생활권에서 밀어낸다.

어떤 일을 그만두거나 관계를 끊고 싶어도 그럴 수가 없다면 어떻게 해야 할까? 그런 상황이라면 나는 상대가 내게 영향을 미치는 정도나 시간, 비용이 얼마나 되는지 판단한다. 다시 말해 손절매 포인트를 설정해두고 이 마지노선을 넘으면 더는 포용력을 발휘하지 않고 연락을 끊는다. 이미 그 관계에 쏟아부은 정성과 노력은 공부였다 셈 치고 더 이상의 에너지를 소모하지 않는다. 그 대신 더 가치 있는 상대에게 그 에너지를 쏟는다.

파트너를 바꿀 수 있는 결정권이 내게 있는 게 아니라면 대화를 시도해보고 더 우수하거나 자신에게 유리한 파트너를 찾아내 상사에게 파트너 교체가 더 나은 선택임을 설득한다. 만약 상황이 더 복잡해서 대화도 소용이 없고 감정 소모가 심각한 상황이라면 거래처나 동료를 정리하기보다는 그 일 자체가 자신에게 얼마나 가치 있는지 다시 고민해봐야 한다.

인간관계 정리에는 자신과 맞지 않는 사람을 잘라내는 것뿐 아니라, 자신과 잘 맞는 사람을 선택해 그런 사람들로 인맥을 구축하는 능

력도 포함된다. 서로 맞지 않는다는 걸 알았다면 용감하게 잘라내고
교체해야 한다(자세한 방법은 뒷부분을 참고하라).

3단계:
실제로 교류하는 사람을 점검하라

앞의 두 단계를 끝낸 뒤에도 휴대폰에선 지웠지만(또는 휴대폰이 연락
을 유지하는 수단이 아니지만) 현실에서는 상대가 자주 생각나고 실질
적인 소통이 이루어지고 있으며 마음속에서 중요한 지위를 차지한
관계가 남아 있을 수 있다. 그렇다면 백지를 한 장 꺼내 그들의 이름
을 적어보자. 그런 다음 그들과의 관계의 질을 일일이 점검해본다. 그
중 남겨두고 싶은 관계는 어떤 것인가? 부담이 되어 변화시키거나 아
예 정리하고 싶은 관계는 어떤 것인가?

　인맥의 바깥쪽에서 시작해 안쪽으로, 친밀도가 낮은 관계에서 시
작해 높은 관계로 이동하며 일일이 점검해보았다면 자신의 인간관계
를 한 차례 검토한 셈이다. 그중에는 쉽게 이별을 통보할 수 있는 사
람이 있는 반면 고통스럽지만 여러 가지 이유 때문에 잘라내기 힘든
사람도 있을 것이다.

4단계:
잘라낼 수 없는 원인을 찾아내라

잘라내기 힘든 관계가 있다면 그 이유가 무엇인지 자세히 생각해보자. 특히 '두려움' 때문에 잘라낼 수 없다면 자신이 걱정하고 있는 게 무엇인지 솔직하게 써보자. 내재적인 필요든 외재적인 의존이든 말이다. 종이에 써놓은 모든 사람과 관계를 끊어야 하는 것은 아니다. 이렇게 하는 이유는 자신이 용감하게 맞서야 하는 두려움이 무엇인지 알기 위해서다. 우리가 꼼짝 못 하고 묶여 있는 관계를 잘 살펴보면 그 속에 채워지지 못한 무언가가 감추어진 경우가 종종 있다. 한마디로 어떤 갈망 때문에 그 관계를 끊지 못하는 것이다. 이럴 때 관계를 냉정하게 잘라내기만 해서는 더 심한 반발과 후유증을 남길 수 있다.

잘라내야 하는 관계를 골라내는 것도 중요하지만, 더 중요한 건 그 관계를 논리적이고 이성적으로 대함으로써 문제가 반복되지 않게 하는 것이다.

심리 공간을 점검할 땐 다음의 관계들을 정리해야 한다.

1. 스트레스를 느끼는 관계, 부담스러운 관계.

2. 관계가 어느 정도 지속되었지만 불편함이 해소되지 않는 관계.

3. 무시할 수는 없지만 어떻게 처리해야 할지 모르는 관계.

홀가분한 생활을 원한다면 이런 상황을 자세히 검토하고 고민하고 정리해야 한다. 우리를 꽁꽁 묶고 있는 것은 종종 외부의 일이 아니라 우리 내면의 상상인 경우가 많다. 머릿속으로 상상할 때는 문제지만 직접 행동하면 쉽게 해결되는 경우가 많다. 계속 생각만 하면 감정의 미로 속에서 출구를 찾을 수 없다. 자기 자신을 위해 결단을 내리는 순간, 결정이 크든 작든 이미 마음속에서 행동의 씨앗이 생겨나고 수동적인 태도에서 적극적인 태도로 바뀌게 된다. 남이 와서 도와주길 기다리지 말고 자기 결정을 믿은 뒤 그대로 밀고 나가야 한다.

일방적인 기대를 강요하는
생각 뜯어고치기

'지나친 기대'는 너와 나 모두에게 고통만 남긴다

내게도 고리타분한
신념이 있을까?

때로는 상대의 구체적인 요구 때문이 아니라 우리가 스스로에게 거는 기대 혹은 어떤 사물에 대한 신념이 관계의 가능성을 제한하기 때문에 관계에서 스트레스를 받곤 한다. 과거에는 유용했던 가치관이나 방법이 시대가 바뀜에 따라 더는 유용하지 않게 되었지만 이런 시대의 흐름을 따라가지 못해 새로운 부담으로 작용하는 것이다. 예컨대 효도는 부모님께 무조건 순종해야 하는 것이라거나, 고객은 왕이므로 반드시 만족시켜야 한다거나, 연인과 다투면 감정의 골이 깊어지므로 어떤 경우에든 먼저 사과해야 한다는 등의 관념이다.

시대와 사회는 변했는데도 이런 신념을 고수한다면 관계가 삐걱거릴 수밖에 없다. 하지만 그렇다고 해서 반드시 관계 자체를 포기해야 하는 건 아니다. 관계에 대한 잡념을 잘라내고 서로에게 고통을 주는 기대를 내려놓으면 관계를 완전히 끊지 않고 작은 변화만으로도 상황을 개선할 수 있다.

시대착오적인 생각을 골라내는 네 단계

아래에 나오는 네 단계를 순서대로 실천하면 마음속에 있는 시대착오적인 관념을 찾아낼 수 있을 것이다.

1단계: 스트레스의 원인을 찾아라

관계 때문에 심한 스트레스를 받지만 어느 지점이 자신을 힘들게 하는지 정확히 말하기 어렵다면 이런 방법으로 관계를 돌이켜보고 정리하자.

우선 백지를 한 장 앞에 놓고 다음 두 가지 질문에 대한 답을 써본다.

첫째, 불편함을 느끼는 관계에서 상대가 어떤 말을 했을 때 특히 더 화가 나거나 스트레스를 받는가?

예) "뭘 그렇게 마음에 두고 있어?" "네가 날 사랑하는 줄 알았어" 등.

둘째, 생각만 해도 자신감이 사라지고 의기소침해지는 말은 무엇인가?

예) "지금 거절하면 다시는 기회가 없을 거야" "사람들한테 미움받기 싫어" 등.

이런 작은 목소리들이 바이러스처럼 당신의 머릿속에 깊이 박혀 원치 않는 결정을 내리게 만든다.

7장에 나오는 쯔장의 사례를 보면 남을 실망시키기 싫다는 생각이 그에게 부담을 주었다. 그는 상대가 조금이라도 만족하지 못하면 긴장하기 시작했고 서둘러 해결 방법을 찾아내 상대의 불만을 해소해주어야 한다는 생각에 마음이 급해졌다. 그럴 때는 차분히 마음을 가라앉히고 자기 머릿속에 들어 있는 낡은 관념을 찾아내 폐기한 뒤 새로운 관념을 장착해 머릿속에서 새로운 반응을 만들어내야 한다.

2단계: 스트레스의 원인을 버리지 않고 계속 가지고 있을 때 무엇을 얻을 수 있는지 파악하라

고통을 느끼면 우리는 본능적으로 그 고통을 없애려 한다. 싫어하는 것이 사라지기만 하면 행복해질 거라고 생각한다. 하지만 보통 그건 일시적인 미봉책에 불과하다. 사람의 뇌는 좋은 습관과 나쁜 습관을 구분하지 않는다. 그저 어떤 필요를 충족시킬 수 있다면 좋든 나쁘든 상관없이 유지한다. 고통의 존재 가치를 분명하게 알지 못한 채 고통이 사라짐으로써 충족되지 않는 필요를 만족시켜줄 대체 방법을 찾는다면 나쁜 습관이 그 틈으로 파고들어 와 차츰 몸에 배고 만다.

다시 말해 우리를 힘들게 하는 신념 혹은 작은 목소리를 찾아낸 뒤, 직접적으로 그걸 없애거나 금지하는 것이 아니라 그 신념이 존재하는 필요성을 분석하고 그것이 어떤 욕구를 만족시켜주는지 알아내야 한다.

여행 가이드인 쯔장은 남을 실망시키고 싶지 않았기 때문에 남들에게 유능하고 책임감 있고 선량하다는 인상을 주었다. 그리고 그 덕분에 단체 생활에 빠르게 적응하고 원만한 동료 관계를 유지하며 고도의 경쟁 환경에서 살아남을 수 있었다. 보호색으로 자신을 지켜 남들의 표적이 되는 걸 막고 충돌을 피했던 것이다. 또 그는 쉽게 포기하지 않는 성격 덕분에 잠재력을 발휘하고 여러 가지 위기를 해결해 좋은 실적을 거두었다.

마음을 차분히 가라앉히고 선입견을 떨쳐버린 뒤 자신이 갖고 있는 관념들을 차분히 적어가며 분석한다면 습관이 어떻게 작용하는지 깨닫고 변화의 포인트를 찾아낼 수 있을 것이다.

3단계: 진심으로 바라는 것이 무엇인지 생각하라

신념은 사람의 행동을 통제하지만 그 나름대로 존재 가치를 갖고 있다. 통제와 존재 가치는 상호 공존하는 것이다. 이 사실을 알아야만 어떤 것은 남길 필요가 있고, 어떤 것은 그저 부담일 뿐이므로 잘라내야 하는지 판단할 수 있다.

모든 두려움의 이면에는 우리가 더욱 다가가고 싶은 자신이 있다.

쯔장은 '남을 실망시켜선 안 된다'는 강박관념을 가지고 있었지만 그건 그가 상대의 감정을 감당하고 위로하는 방법을 몰라서가 아니라 그 이면에 감추어진, '타인에게 인정받고 싶다'는 그의 욕구 때문이었다.

마찬가지로 우리는 직장에서 인정받지 못하고 무시당할까 봐 두려워 상사나 동료의 요구를 거절하지 못하고 '예스맨'이 된다. 이 역시 우리가 '인정받길' 바라기 때문이지 거절할 줄 몰라서가 아니다. 가족 관계에서 버려질 것이 두려워 스스로 희생하는 것도 '소속감'을 얻기 위함이지 희생하는 게 좋아서가 아니다.

이런 생각을 깨닫는다면 자기 자신에 대한 불합리한 기대나 요구를 내려놓고 마음속 작은 목소리를 더 힘 있는 말로 다시 쓸 수 있을 것이다.

4단계: 새로운 관점에서 새롭게 쓰는 법을 배우라

자신이 진정으로 원하는 것이 무엇인지 알았다면 그것을 어떻게 만족시킬지 생각해야 한다. 기존의 신념을 고수할 필요는 없다. 똑같이 밥을 먹어도 외식을 할 수 있고 직접 요리를 할 수도 있다. 사 먹는 음식이 질리면 직접 만들어 먹을 수도 있고 그러면서 얻는 만족감이 더 클 수도 있다. 사람은 습관의 동물이기 때문에 타성에 젖으면 다른 가능성을 발견하기 어렵다.

쯔장은 자신의 성실함이 타인에게 인정받기 위함이라는 사실을 알고 난 뒤 자기 자신에게 중요한 질문을 던졌다.

"열심히 노력해 상대의 요구를 들어주면 정말로 상대가 나를 좋아하게 될까? 요구가 충족되지 않았다는 이유로 나를 떠난다면 그런 관계를 지속할 가치가 있을까?"

여러 번의 분석 후 그는 '남을 실망시키는 것에 대한 두려움'의 이면에 남에게 잘 보이고 싶다는 생각이 숨어 있다는 사실을 알았다. 상대가 누구든 그를 만족시켜야 한다는 강박관념이 있었던 것이다.

쯔장처럼 외부의 평가에 연연하는 사람이 많을 것이다. 그러다가 어느 날 아무리 노력해도 모든 사람을 만족시킬 수 없다는 사실을 알게 되면 그제야 이런 생각이 막다른 길과 같아서 깊이 파고들수록 점점 더 갈 곳이 사라진다는 것을 깨닫게 된다. 모든 사람을 만족시킬 의무는 없다. 모든 사람을 만족시키려 하면 정작 자기 자신은 만족할 수 없다.

타인에게 인정받는 것은 시원한 탄산음료 같아서 처음에는 상쾌하지만 마시면 마실수록 갈증이 심해지고 갈증이 심해질수록 더 찾게 된다. 멈추어 서서 스스로 자신을 받아들여야만 진정한 평온함과 만족감을 얻을 수 있다.

마침내 쯔장은 '남을 실망시키지 않겠다'는 신념을 버리고 '누구에게 잘해줄지는 내가 결정한다'고 마음을 고쳐먹었다. 그는 그 후에도 여전히 친절한 사람이었고 남들에게 좋은 사람이라는 평가를 받았지만, 그의 행동은 타인의 인정을 구걸하는 마음에서 나온 것이 아니었다. 누군가 자신을 불편하게 하면 무조건 참지 않고 자신이 정한 마지노선을 지켰다. 선량하지만 원칙 있는 사람이 된 것이다.

이 방법은 직장에서뿐만 아니라 가족 간에도 사용할 수 있다.

가장이라는 짐을
내려놓는 법

신양(欣揚)은 효자였다. 가난한 집에서 태어나 고등학교에 올라가면서부터 노름에 빠진 아버지 대신 아르바이트를 해 돈을 벌었다. 대학을 졸업하고 취업한 뒤에도 낮에는 회사에서 일하고 밤에는 서너 개씩 아르바이트를 했다.

오랫동안 과로한 탓에 건강이 좋지 않았고, 늘 잔병을 달고 살았다. 가족과 친구들은 모두 돈도 중요하지만 건강이 우선이라며 그를 타일렀다. 신양도 그 사실을 잘 알고 있었지만 일을 줄일 수가 없었다. 집안의 유일한 가장인 자신에겐 쉴 권리가 없다고 생각했다.

그는 아무도 원망하지 않고 묵묵히 가족 부양이라는 책임을 짊어졌다. 하지만 가족은 언제나 그에게 감당하기 힘든 무거운 짐이었다.

그러다 보니 점점 집에 있는 시간이 줄어들고 가족들과 대화하는 시간도 줄어들었다. 그는 자신이 케이지 안에 갇힌 생쥐처럼 미친 듯이 달리며 쳇바퀴를 돌리지만 아무 데도 가지 못하는 신세라고 생각했다.

1단계: 스트레스의 원인을 찾아라

나는 신양이 자기 생각을 똑바로 바라볼 수 있게 도와주었다. 그는 자신이 가족을 위해 이토록 노력하고 희생하고 있지만 정말로 그에게 부담을 주는 건 가족이 아니라는 사실을 알았다. 아무도 그에게 돈을 벌어오라고 강요하지 않았음에도 신양은 여전히 멈출 수가 없었다. 아무것도 하지 않고 쉴 때마다 그는 알 수 없는 공포에 사로잡혔다. 정체를 알 수 없는 목소리가 머릿속에서 그에게 외쳤다.

'네가 지금 쉬고 있을 처지야? 시간이 남아도는구나?'

'쉬지 않고 일해야 한다'는 강박관념이 그에게 엄청난 스트레스를 주고 항상 초조하게 만들었던 것이다. 그는 브레이크가 고장 난 경주용 자동차처럼 속도를 줄일 수가 없었다. 이렇게 달리는 상태에선 핸들을 조금 트는 것조차 몹시 위험했다. 이 상황을 멈추는 방법은 연료가 바닥나거나 뭔가를 들이받는 것뿐이었다. 하지만 결과가 어떻든 그는 자신이 원하는 목적지에 갈 수 없을 것이었다.

2단계: 스트레스의 원인을 버리지 않고 계속 가지고 있을 때 무엇을 얻을 수 있는지 파악하라

신양은 끊임없이 일을 하며 지쳐 있었지만 찬찬히 자신을 돌이켜본 뒤 이 신념 때문에 자신이 아버지의 행동(무책임, 현실도피, 우울함)을 따라 하지 않을 수 있었다는 걸 알았다. 그는 아버지와 완전히 다르게 성실하고 부지런하며 강한 끈기와 책임감을 가진 사람으로 인정받고 있었다. 이것은 고통이 그에게 선사한 선물이었다.

신양은 자신이 피나는 노력을 기울여 지금까지 이뤄놓은 것들이 있으므로 아버지처럼 될 리 없다는 걸 알고 있었다. 그런데도 어째서 '계속 일해야 한다'는 생각을 내려놓지 못했을까? 여러 번 상담을 진행하며 신양은 멈추지 못하는 두려움의 이면에 어머니에 대한 죄악감이 감추어져 있다는 걸 깨달았다.

신양의 어머니는 아직도 추운 겨울이든 더운 여름이든 날마다 밖에 나가 힘들게 일하고 있었다. 그런 어머니가 안쓰럽고 어머니를 편히 지내게 하지 못하는 자신이 부끄러웠다. 그래서 집을 사서 어머니를 편히 쉬게 하겠다는 목표를 이룰 때까지는 멈출 수 없다고, 목표를 이루지 못하면 자신의 잘못이라고 생각했다. 어머니에 대한 미안함이 그를 쉬지 않고 달리게 하는 연료였던 것이다. 하지만 미친 듯이 달릴수록 어머니에게서 점점 더 멀어질 뿐이라는 사실을 그는 깨닫지 못하고 있었다.

3단계: 진심으로 바라는 것이 무엇인지 생각하라

이 사실을 알고 난 뒤 나는 신양에게 다시 생각해보라고 말했다. 어머니께 효도하는 길이 집을 사드리고 돈을 많이 벌어 어머니가 더는 일하지 않아도 되는 상황을 만드는 것뿐일까? 어머니 입장에서 진정으로 원하는 건 뭘까? 지금 당장 할 수 있는 일, 어머니도 기뻐하실 일은 무엇일까? 생각에 잠겼던 신양이 한참 만에 한숨을 내쉬었다.

"생각해보니 부끄러워요. 어머니를 편하고 행복하게 해드리고 싶었지만 저는 날마다 힘들고 지친 모습으로 집에 들어갔고 어머니에게 퉁명스럽게 말했어요. 몸이 아파서 어머니를 걱정시켰고요. 주객이 전도된 것 같아요. 어머니에게 잘해드리고 싶었지만 정작 어머니가 진심으로 바라는 게 뭔지는 물어보지 않았어요."

나는 고개를 끄덕이며 어머니에 대한 그의 사랑을 인정해주었다. 누군가가 그의 효심을 알아주고 인정해줄 필요가 있었다. 그에게 중요한 건 '무리한 일'을 그만두는 것이 아니었다. 일은 그에게 성취감과 자아 개념의 기반이 되어주었고 더 중요하게는 어머니와의 연결고리이자 힘들게 일하는 어머니에게 보답하는 방식이었기 때문이다. 따라서 보답하고 싶은 마음을 버리는 것이 아니라 그 방식을 변화시켜야 했다.

그의 진정한 목적이 어머니를 행복하게 해드리는 것이라는 사실을 깨달았으므로 변화는 아주 쉽게 이루어졌다. 나는 신양에게 일을 줄이라고 말하거나 그에게 쉬지 않고 일하는 것이 얼마나 안 좋은지 설득할 필요가 없었다. 그저 그에게 효도의 정의를 다시 쓰게 했고, 효도에 대해 새롭게 정의하자 다른 많은 것은 저절로 바뀌었다.

4단계: 새로운 관점에서 새롭게 쓰는 법을 배우라

진정으로 원하는 것이 무엇인지 알고 나자 신양은 당장 할 수 있는 일을 스스로 찾아냈다. 그는 어머니에게 편안하고 다정한 말투로 이야기하고 자기 몸을 잘 챙겨 어머니를 걱정시키지 않겠다고 말했다. 또 효도에 대한 정의를 '집을 사드리는 것'에서 '어머니 마음을 편하게 해드리는 것'으로 바꾸었다.

얼마 지나지 않아서 신양의 표정이 몰라보게 밝아졌다. 여전히 바쁘게 일하고 있었지만 가족들과 대화할 때 웃는 일이 많아졌고 퇴근 후에 쉴 틈 없이 일하지도 않았다. 그는 이미 '집을 사는 것'과 '어머니 마음을 편하게 해드리는 것'을 동시에 할 수 있다는 사실을 알았다. 이런 생각이 들자 마음이 홀가분해졌다. 아직 집을 사지는 못했지만 이미 어머니에게 효도를 하고 있었다. 그렇게 차근차근 앞으로 나아가다 보면 언젠가는 집을 사드릴 수 있는 날이 올 것이다. 하지만 그가 더 바라는 일은 그날이 왔을 때 그와 어머니가 모두 건강하고 행복한 것이다. 자신의 내재적인 욕구를 정확히 알고 난 뒤 그걸 만족시킬 수 있는 다른 방법을 찾아냈기 때문에 그는 더 이상 무리하게 일해서 돈을 벌 필요가 없었다.

집착을 내려놓는 것 또한
정리다

오랜 시간 심리상담을 해온 경험을 돌이켜보면 사람들을 힘들게 하는 습관을 깊이 파고들어 갔을 때 그 속에 소중한 비밀이 감추어져 있는 경우가 많았다. 생각을 정리할 때 중요한 건 고통의 원인이 되는 상황을 중단시키는 것이 아니라 그 고통의 존재 가치를 깊이 있게 들여다보고 이해하는 것이다. 그러면 그 속에서 한 가지 사실을 배울 수 있다. 고통과 행복은 극과 극으로 멀리 떨어져 있는 것이 아니며 때로는 몸을 살짝 돌리기만 해도 행복으로 통하는 문을 찾을 수 있다는 사실이다.

정리에는 원치 않는 물건을 버리는 것뿐만 아니라 집착을 내려놓으면 행복해진다는 사실을 아는 것도 포함된다. 다음의 네 단계 방법이 당신을 짓누르고 있는 제약과 신념을 잘라버리는 데 도움을 줄 것이다.

> 1단계: 스트레스의 원인을 찾아라.
>
> 2단계: 스트레스의 원인을 버리지 않고 계속 가지고 있을 때 무엇을
>
> 얻을 수 있는지 파악하라.
>
> 3단계: 진심으로 바라는 것이 무엇인지 생각하라.
>
> 4단계: 새로운 관점에서 새롭게 쓰는 법을 배우라.

사람을 지치게 하는
소통 방식 변화시키기

**내가 감당할 수 있는 사랑을 베풀 때만
관계의 균형을 유지할 수 있다**

정서적 협박에
시달리지 않으려면

생각을 정리하는 것이 쉽고 간단한 일이라고 말하는 사람이 있다. 자기 생각이므로 언제든 마음대로 바꿀 수 있다고 생각하기 때문이다. 하지만 타인과 연관된 일이라면, 특히 자기보다 지위가 높거나 자기가 중요하게 생각하는 사람과 연관된 일이라면 그리 단순하지 않다. 외부의 기대와 요구가 큰 스트레스로 작용하고, 어떻게 반응해야 할지 갈피를 잡을 수 없게 된다.

예컨대 명절에 반드시 아이를 시댁에 데리고 가야 하는가, 상사가 번번이 퇴근 직전에 야근을 시키거나 회의를 소집할 때 어떻게 할 것인가, 부부 중 누가 경제권을 가질 것인가 하는 문제들이다. 존중, 관심, 배려 등을 이유로 매번 상대의 요구를 받아주다 보면 그것이 마치 불문율처럼 굳어져 그렇게 하지 않으면 잘못된 것으로 여기기 쉽다. 그 상황이 스트레스의 원인이 되어 규칙을 다시 세우려 하면 상대는 변했다고 당신을 나무라고 화를 내며 지금까지의 방식을 계속 이어 가길 요구한다.

이런 불편한 관계가 신발 속에 들어 있는 작은 돌멩이처럼 걸을 때마다 당신을 괴롭게 하지만 돌멩이 하나 때문에 신발을 벗어버리고 맨발로 다니는 건 너무 극단적인 선택인 것 같다. 그렇다면 어떻게 해야 할까?

사실 작은 문제 하나 때문에 전체를 포기할 필요는 없지만 정서적 협박에 시달리지 않으려면 어느 정도 노력이 필요하다. 즉 인맥을 정리하고 돌멩이를 빼내야 한다.

소통 방식을
변화시키는 일곱 단계

소통 방식을 변화시키는 일곱 단계 중 1단계부터 3단계까지가 앞 장의 내용과 같다.

1단계: 스트레스의 원인을 찾아라.

2단계: 스트레스의 원인을 버리지 않고 계속 가지고 있을 때 무엇을 얻을 수 있는지 파악하라.

3단계: 진심으로 바라는 것이 무엇인지 생각하라.

그다음 이어지는 네 단계는 관계를 맺고 있는 상대와 관련되어 있기 때문에 더 섬세한 방법을 사용해야 한다.

4단계: 새로운 관점에서 관계를 재설정하고 새로운 균형을 찾아라

소통 방식을 바꾸는 것은 자신을 고통스럽게 하는 사람과의 관계를 변화시키는 것만을 의미하지 않는다. 그보다는 '당신이 이 변화를 위해 어떤 대가를 치르고자 하는지를 상대에게 알리는' 데 더 많은 노력을 기울여야 한다. 당신이 상대의 입장을 생각한다는 걸 알려주어야 상대도 당신에게 기꺼이 양보할 수 있다.

그렇게 하면 죄책감을 줄일 수 있고, 상대가 당신을 이기적이라고 원망할 때 그 말에 휘둘리지 않는 용기를 가질 수도 있다. 자신이 감당할 수 있는 사랑(책임)을 베풀 때만 관계의 균형이 유지된다는 걸 당신은 이미 알고 있기 때문이다.

5단계: 소통하며 진도표를 세워라

하지만 변화는 하루아침에 이루어지는 것이 아니다. 소통 방식을 바꾸는 것이든 경계를 다시 설정하는 것이든 원만하게 해결하려면 당사자들에게 소통 능력과 판단 능력이 있어야 한다.

예컨대 더 자유로워지고 싶다는 목표를 북극에 가겠다는 목표에 비유한다면, 심리적 공간을 정리하거나 심리적 경계를 긋겠다는 생각을 갖는 것은 손에 나침반을 드는 것과 같다. 나침반은 길을 잃지 않도록 뚜렷한 방향을 알려주는 역할을 한다. 북극까지 가는 도로 사정이 열악해 선박이나 비행기, 헬리콥터, 자동차 등 다양한 교통수단을 이용해야 하는데 이처럼 순조롭게 목표에 도달할 수 있도록 도와주는 것이 바로 소통 능력과 판단 능력이다.

단숨에 바꾸려 할수록 더 강한 저항에 부딪힌다. 천천히 바꾸어가며 서로에게 적응할 시간을 주어야만 더 쉽게 성공할 수 있다. 천천히 가는 것이 오히려 빨리 가는 길이라는 걸 명심하자.

6단계: 가능한 반응과 그로 인한 영향을 상상해 마음의 준비를 하라

기존의 소통 방식을 정리하겠다고 말했을 때 상대가 화를 내며 방어하는 건 정상적인 반응이다. 남녀가 이별할 때 설사 양쪽 모두 관계를 계속 이어갈 수 없다는 걸 알고 있다 해도 먼저 이별을 말하는 사람보다 이별을 통보받는 사람이 더 많은 충격을 받게 마련이고 그걸 받아들이는 데 더 긴 시간이 필요하다.

당신에겐 상대가 흔쾌히 받아들일 수 있는 완벽한 방법을 생각해낼 책임이 없다. 상대도 자신에게 익숙한 방식으로 감정을 발산할 권리가 있다. 당신이 유일하게 할 수 있는 건 경계를 분명하게 긋고 상대에게 당신의 결정을 분명하게 알리는 것뿐이다. 당신의 태도가 단호할수록 상대가 변화에 빠르게 적응할 수 있다.

7단계: 자신의 응원단을 만들라

인간은 사회적 동물이므로 관계가 흔들리면 자신의 존재 가치를 의심하기 쉽다. 이때 포기하지 말고 계속 나아갈 수 있도록 격려해주는 응원단이 필요하다. 응원단이 있다면 의지가 흔들릴 때 당신이 왜 이 변화를 시작했는지 상기시켜주고, 당신이 공격당할 때 당신 자신의 가치를 믿을 수 있게 격려해주며, 당신이 지쳤을 때 기댈 수 있도록 든든한 어깨를 빌려주며 힘든 시기를 견디게 도와줄 것이다. 또한 그들은 당신이 이 관계에서 어떤 모습과 태도를 보이고 있는지 비추어 보여주는 거울 역할을 해줄 것이다.

그렇다면 생활 속에서 이 일곱 단계를 어떻게 실천해야 하는지 실제 사례를 들여다보도록 하겠다.

효도는 강요한다고
되는 게 아니다

슈진(秀瑾)은 대학 졸업 후 부모님이 살고 있는 지방의 소도시로 내려가 취업했다. 하지만 시 외곽에 위치한 집에서 회사까지 출퇴근하기가 힘들었기 때문에 회사 근처에 집을 얻어 이사하려 했다. 처음에 부모님은 여자 혼자 사는 건 위험하다며 심하게 반대했다. 슈진은 부모님께 허락을 받기 위해 자주 부모님을 뵈러 오겠다고 약속했다.

어렵게 부모님을 설득한 끝에 독립했지만 금세 또 문제가 생겼다. 주말만 되면 엄마가 언제 집에 도착하느냐고 계속 전화를 걸었다. "점심 먹기 전에 올 수 있니? 먹고 싶은 건 없어?" 게다가 한번 집에 가면 일요일 저녁까지 머물다 돌아와야 했고 조금 일찍 돌아오려면 핑계를 만들어야 했다. 그러지 않으면 부모님에게 원망 섞인 나무람을 들어야 했다. 이런 생활이 반복되자 슈진은 금요일만 되면 심한 스트레스를 받았다.

1단계: 스트레스의 원인을 찾아라

슈진이 매주 집에 갈 때마다 첫 식사를 할 때 분위기가 제일 좋았다. 엄마와 한 주 동안 있었던 일을 이야기하고 가끔 가전제품을 수리하는 아빠를 돕기도 하며 대화를 나눴다.

하지만 몇 시간만 지나면 엄마의 잔소리가 시작되었다. 엄마는 사소한 일을 가지고 반복해서 잔소리를 하고 요즘 그녀의 기분이 어떤지 꼬치꼬치 캐물으며 간섭했다. 그녀는 엄마의 잔소리를 피해 밥을 먹자마자 자기 방으로 들어갔고 꼭 필요한 일이 아니면 밖으로 나오지 않았다. 그러다가 다음 날 저녁을 먹은 뒤 엄마가 싸주는 과일을 들고 돌아왔다.

방에만 틀어박혀 있기가 따분해서 일찍 돌아오거나 친구를 만나러 나가려 하면 엄마가 협박하듯 말했다.

"아빠가 낮잠을 주무시잖아. 일어나서 네가 없으면 얼마나 서운하시겠니? 나한테 화풀이하실 거야. 피해를 보는 건 항상 나로구나."

"그렇지! 너한텐 가족보다 친구가 더 중요하지. 남을 위해서 시간을 쓰려무나. 일주일 만에 집에 왔는데 하루도 못 견디고 가버린다고? 너한테 가족이 뭐니?"

이런 엄마의 말이 그녀의 죄책감을 자극해 발길이 떨어지지 않았다. 이 일에 대해 차분히 생각해본 슈진은 집에 가서 방에만 틀어박혀 있어야 하고 자신에게 결정권이 없다는 사실이 스트레스의 원인이라는 사실을 알았다. 그녀가 원하는 건 자신의 시간과 행동을 스스로 결정할 권리였다.

다시 말하면 슈진은 집에 가기 싫은 것이 아니라 집에 가는 것이 규칙을 지키듯 강요당하는 일이 아니라 자연스럽고 기분 좋은 일이 되길 바랐던 것이다. 또한 그녀가 거부하는 건 부모님의 사랑이 아니라 딸과 함께 있는 시간에 대해 부모님이 품고 있는 정의와 상상이었다.

2단계: 스트레스의 원인을 버리지 않고 계속 가지고 있을 때 무엇을 얻을 수 있는지 파악하라

부모님 입장에서는 매주 주말 딸을 볼 수 있는 시간이 소중했다. 많은 대화를 나누는 건 아니지만 한 지붕 아래 있다는 사실만으로도 딸이 무사하다는 걸 알 수 있으므로 안심이 되었다. 또 딸을 위해 계속 뭔가를 해줄 수 있다는 사실에 자신의 존재 가치를 느꼈다.

슈진의 입장에서는 평일에는 바빠서 부모님에게 신경 쓸 시간이 없으므로 주말에 부모님과 식사하며 안부와 건강을 묻는 것이 효도라고 할 수 있었다. 또한 집에 가서 집안일 걱정 없이 푹 쉬며 맛있는 음식을 먹는 것 역시 행복이자 부모님의 사랑을 느낄 수 있는 따뜻한 시간이었다.

그들은 자신의 존재가 상대에게 도움이 되길 바랐다. 개인적인 욕구를 채우기 위해 상대에게 일방적으로 무언가를 요구하는 관계가 아니었다. 이것은 다행스럽고 축하해야 할 일이었다. 그들의 관계가 서로에게 상처보다는 양분을 더 많이 준다는 뜻이었으므로 작은 트러블만 해결된다면 이 관계는 서로를 더 행복하게 할 수 있을 것이었다.

3단계: 진심으로 바라는 것이 무엇인지 생각하라

슈진은 불만을 내려놓고 부모님의 입장에서 이런 생활을 유지하기 위해 어떤 대가를 치르고 있는지 생각해보았다.

부모님은 주말마다 기차역까지 딸을 마중 나오려고 친구들과의 약속을 완곡하게 거절하고 장거리 여행에도 끼지 않았다. 엄마는 평일보다 더 많이 장을 보고 더 긴 시간 요리를 해야 했으므로 체력적으로 부담을 느꼈다. 게다가 다 먹지 못한 음식을 다음 주 평일 내내 먹어야 했으므로 건강에도 좋지 않았다. 이런 것이 모두 부모님이 딸에게 사랑을 베푸는 방식이었다. 다소 서툴기는 했지만 사랑은 충만했다.

이 점을 깨닫고 나자 슈진은 가족들이 서로의 관심과 배려를 느끼고 있는지, 상대의 안전과 건강에 신경 쓰며 일상생활을 잘 영위하고 있는지 관심 갖는 것이 양쪽 모두에게 매우 중요하다는 사실을 알았다. 이 두 가지를 확인할 수만 있다면 얼마나 오래 함께 있느냐는 중요하지 않았다. 바꿔 말하면 함께 있는 시간을 어떻게 보내느냐가 중요하지 함께 있기 위해 많은 것을 희생할 필요는 없었던 것이다. 그리고 이것이 바로 그녀가 노력해야 할 방향이었다.

4단계: 새로운 관점에서 관계를 재설정하고 새로운 균형을 찾아라

슈진은 집에 도착해 첫 식사를 할 때는 분위기가 좋지만 이 시간이 지나면 대화거리가 없어지고 어색함을 피하기 위해 무의미하고 자질구레한 이야기를 하기 시작한다는 걸 알았다. 그녀는 매주 집에서 부모님과 한 끼만 같이 먹은 뒤에 하루를 묵지 않고 돌아오는 것을 최종 목표로 삼았다. 그러면 각자 더 많은 시간을 쓸 수 있고 다른 일을 포기할 필요가 없었다.

또 그녀는 가족 그룹채팅방을 만들었다. 그렇게 하면 평일에 자주 부모님의 안부를 묻고 자신이 어떻게 지내는지 이야기하며 부모님을 안심시킬 수 있었다. 더불어 부모님도 급한 일이 생겼을 때 그녀에게 쉽게 물어보고 도움을 얻을 수 있었다.

5단계: 소통하며 진도표를 세워라

슈진은 이것이 큰 변화라는 것 그래서 많은 대화와 이해가 필요하다는 것을 알았다. 그녀는 부모님의 기분이 좋을 때를 이용해 자신이 지금의 방식에서 느끼는 스트레스의 원인에 대해 이야기하고 부모님이 이 방식을 다른 관점에서 생각해보도록 권했다. 그런 다음 돌아오는 시간을 조금씩 당기기 시작했다. 일요일 저녁 식사 후에 돌아오던 것에서 점심 식사 후 아빠가 낮잠을 주무실 때로 당기고 얼마 후에는 다시 일요일 아침으로 당겼다. 주말에 그녀가 집에 없는 시간이 길어지자 부모님도 각자의 일을 할 수 있었고 그녀를 억지로 붙잡아두려 하지 않았다.

마침내 부모님이 새로운 방식에 익숙해졌다. 그녀는 매주 하루 집에 가서 부모님과 한 끼만 식사를 하고 돌아왔다. 부모님이 여행을 가거나 그녀에게 특별한 일이 있을 때는 미리 이야기하고 서로 양해를 구했다. 이렇게 바뀌기까지 거의 1년이 걸렸다.

슈진은 로마는 하루아침에 이루어지지 않았다는 말을 되새기며 부모님이 새로운 방식을 받아들이려면 시간이라는 마취제가 필요하다고 생각했다. 너무 극단적인 변화는 반감을 일으켜 '낯선 것'을 '싫은 것'으로 만들기 때문에 새로운 방법을 통해 서로가 어떤 이로움을 얻는지 차분히 경험할 수 없다.

6단계: 가능한 반응과 그로 인한 영향을 상상해 마음의 준비를 하라

물론 좋은 점만 있을 수는 없었다. 아무리 마음의 준비를 했어도 처음에는 슈진이 가방을 들고 집을 나올 때마다 "그래! 친구가 가족보다 더 중요하지" "넌 집을 여관으로 생각하는구나" 같은 부모님의 말에 큰 상처를 받았다. 하지만 그녀는 이것이 독립하기 위해 어쩔 수 없이 겪어야 하는 진통이라는 걸 알고 있었다. 잠깐 마음이 약해지면 부모님은 그런 말이 효과적이라는 걸 알고 점점 더 심한 말을 내뱉을 것이었다. 그리고 그런 말을 들을 때 그녀가 얼마나 마음이 아픈지 이해하지 못할 것이라고 생각했다. 그래서 그녀는 부모님이 아무리 반대를 하고 부모님과 아무리 심하게 다투어도 단호하게 집을 나섰다. 그녀는 그때를 회상하며 이렇게 말했다.

"눈물을 꾹 참으며 집을 나와서 아무도 없는 곳에 가 엉엉 울곤 했어요."

하지만 그녀는 잃는 게 있어야 얻는 것도 있다고 스스로를 다독였다. 자신에게 부모님이 계속 중요한 존재로 남으려면 마주칠 때마다 다투고 원망하는 일을 피해야 했다. 이 과도기를 잘 넘기고 적당히 거리를 두는 법을 배워야만 부모님에 대한 사랑을 지킬 수 있다고 생각했다.

7단계: 자신의 응원단을 만들라

슈진은 좌절하고 서러울 때마다 친한 친구에게 전화를 걸어 하소연했다. 부모님에게는 할 수 없는 이야기도 친구에게는 털어놓을 수 있었고 그러면 친구는 그녀의 마음에 공감하고 이해해주었다. 또 친구는 슈진이 욱하는 마음에 화를 내면 나중에 후회할 거라면서 부모님이 딸이 다 자랐다는 사실을 받아들일 때까지 조금만 더 참으라고 그녀를 격려했다.

하지만 모든 관계 변화에 이렇게 긴 시간과 노력이 필요한 건 아니다. 때로는 일찍 발견하고 용감하게 관계를 변화시켜야만 소중한 우정을 지킬 수 있다.

나는 너의 파트너지
부하 직원이 아니야

오랜 친구 사이인 제위(婕妤)와 수한(書涵)은 얼마 전 함께 창업을 했다. 틀에 박힌 직장 생활에서 벗어나 여러 가지 시도를 해보자고 의기투합했다. 처음에는 순조로웠다. 그런데 최근 들어 수한은 제위와의 회의 시간이 점점 부담스러워지기 시작했다. 그녀가 새로운 아이디어나 기획안을 내놓을 때마다 제위가 길게 생각할 것도 없다는 투로 지적하며 부정적인 반응을 보이기 때문이었다.

"넌 어떻게 원가는 조금도 생각하지 않니?"

"그 고객은 심플한 걸 좋아하는데 네 디자인은 너무 복잡해. 고객을 내쫓으려는 거야?"

이런 말을 들으면 수한은 자기 아이디어에 정말 문제가 있는지 다시 검토해보았고, 이 동업이 얼마나 오래 유지될 수 있을지, 돈도 벌지 못하고 오랜 우정도 깨지는 건 아닌지 걱정했다.

1단계: 스트레스의 원인을 찾아라

평소에는 수한과 제위 사이에 별다른 문제가 없었다. 모든 일을 신중하고 진지하게 처리했지만 유독 새로운 아이디어나 기획에 대한 이야기만 나오면 제위가 까다롭고 부정적으로 반응했다. 아무리 오랫동안 열심히 준비한 일도 제위의 눈에는 부족하게만 보이는 것 같았다. 이런 일이 반복되자 수한은 자신감을 잃어갔고 자신이 제위의 일을 그르치고 있는 건 아닌지 의문이 들기 시작했다.

2단계: 스트레스의 원인을 버리지 않고 계속 가지고 있을 때 무엇을 얻을 수 있는지 파악하라

수한은 창업은 직장 생활과 달리 모든 일의 성패를 스스로 책임져야 한다는 걸 알고 있었다. 제위의 지적이 자신이 놓친 부분을 일깨워준다고 생각했다. 부족한 점에 관해 함께 상의하면서 자신이 성장할 수 있다는 것도 알고 있었으며 실제로 실력이 점점 향상되는 것을 느끼기도 했다.

3단계: 진심으로 바라는 것이 무엇인지 생각하라

두 사람 모두 회사가 잘되기를 바란다는 점에는 의심의 여지가 없었다. 수한도 제위의 꼼꼼함은 인정했다. 다만 개선이 필요한 부분을 지적하더라도 자신이 노력한 부분 또한 인정해주며 어떤 부분이 좋아졌는지 평가해준다면 더 자신감을 가지고 일할 수 있을 것 같았다.

4단계: 새로운 관점에서 관계를 재설정하고 새로운 균형을 찾아라

수한은 제위가 자신의 기획안을 처음 접했을 때 반응하는 방식을 고쳐주길 바랐다. 잘못된 부분만 계속 지적할 것이 아니라 수한이 노력한 점을 인정해주고 격려해준 다음 건의하고 평가해주길 바랐다.

5단계: 소통하며 진도표를 세워라

수한은 어느 날 오후 카페에서 제위를 만났다. 여유로운 분위기에서 차를 마시며 자신이 느끼는 감정을 차분히 털어놓았다. 제위에게 까다롭게 지적하는 습관을 당장 고치라고 요구하지는 않았지만 기획안을 볼 때마다 적어도 한 가지씩은 인정해달라고 부탁했다.

몇 달 뒤에는 다시 지적하는 태도를 상의하는 방식으로 바꾸어달라고 요구했다. 수한은 더 좋은 방법을 함께 상의하는 식으로 바뀌길 바랐다. 일방적으로 부족한 점을 지적당하면 함께 일하는 파트너가 아니라 제위의 부하 직원이 된 것처럼 느껴지기 때문이었다.

6단계: 가능한 반응과 그로 인한 영향을 상상해 마음의 준비를 하라

수한은 자신의 이런 요구가 너그럽지 못하다고 제위를 나무라는 것처럼 들릴까 봐 걱정했다. 그러면 제위가 스스로 실력 없고 남 탓을 잘하는 사람이라고 자책할 것 같았다. 하지만 관계가 오래 유지되길 바란다면 제위의 이런 습관을 고쳐야만 했다. 시간이 갈수록 그 문제가 둘 사이의 신뢰를 해치고 보이지 않는 갈등을 만들어 서로에게 상처를 줄 것이었기 때문이다.

수한은 최악의 경우 친구도 잃고 동업도 깨질 수 있다는 걸 알았지만 이런 상황이 개선되지 않는다면 둘 사이가 오래 유지될 수 없다는 사실 또한 알고 있었다. 일시적으로 참고 넘길 수는 있어도 평생 참을 수는 없으므로 언제가 됐든 문제를 똑바로 마주할 수밖에 없고, 그렇다면 상황이 걷잡을 수 없이 악화되기 전에 일찍 해결하는 편이 훨씬 나았다.

7단계: 자신의 응원단을 만들라

제위와의 동업이 아직 초기 단계였기 때문에 수한은 두 사람의 친구들까지 이런 갈등을 알게 되어 불필요한 오해가 생기는 걸 원치 않았다. 그녀는 제위에게 하고 싶은 말을 종이에 쓰며 생각을 정리했다.

말로 하기가 힘들다면 이메일을 보내 자기 생각을 허심탄회하게 털어놓고 갈등을 풀어볼 수도 있었다.

다행히도 제위와의 대화가 예상보다 순조롭게 풀렸다. 제위는 자기도 모르고 있던 자신의 버릇이 수한에게 그렇게 큰 스트레스를 주었다는 사실에 놀라며 앞으로 고치도록 노력하겠다고 말했다. 그러면서 만약 자신이 또 그런 실수를 하면 일깨워주어 더 좋은 동업 파트너가 될 수 있도록 도와달라고 부탁했다.

올바른 방향으로 노력할 것

사람과 사람의 관계는 좁고 구불구불한 오솔길과 같다. 때로는 평탄하지만 때로는 울퉁불퉁해서 걷기가 쉽지 않다. 걷다 보면 작은 돌멩이가 신발 속으로 들어와 발바닥을 찌를 때도 있다. 이럴 때 고집스럽게 신발을 신고 걸으면 돌멩이를 꺼낼 수 없고 아무리 노력해도 좌절만 더 커질 뿐이다. 신발을 벗어서 뒤집으면 아주 쉽게 돌멩이를 제거할 수 있다.

관계를 변화시키기 위한 일곱 단계를 다시 정리하면 다음과 같다.

1단계: 스트레스의 원인을 찾아라.

2단계: 스트레스의 원인을 버리지 않고 계속 가지고 있을 때 무엇을
얻을 수 있는지 파악하라.

3단계: 진심으로 바라는 것이 무엇인지 생각하라.

4단계: 새로운 관점에서 관계를 재설정하고 새로운 균형을 찾아라.

5단계: 소통하며 진도표를 세워라.

6단계: 가능한 반응과 그로 인한 영향을 상상해 마음의 준비를 하라.

7단계: 자신의 응원단을 만들라.

관계에서 잠시 벗어나 일정한 거리를 두고 관계를 점검해보자. 서로 어떤 생각이나 습관을 가지고 있는지 살펴보고 목표를 다시 확인하면 관계를 정리하기가 훨씬 쉽다. 안 좋게 보이던 습관 속에 감추어져 있는 선의를 마음으로 느끼고 습관을 바꾸어 양쪽 모두 받아들일 수 있는 방법을 찾는다면 계속 손을 잡고 앞으로 걸어갈 수 있을 것이다.

그래도 어쩔 수 없다면
이별하기

틀린 곳에서 맞는 답을 찾겠다고 고집부리면
서로를 고통스럽게 할 뿐이다

아무리 노력해도
좋아질 수 없는 관계가 있다

한 친구가 있었다. 그는 번번이 실망하고 좌절하면서도 아버지와의
관계를 포기하지 못했다. 수없이 노력했지만 어떻게 해도 아버지와
의 관계가 나아지지 않았고 아버지와 함께 있으면 우울하기만 했다.
그러던 중 아버지가 병원에 입원해 그가 곁에서 간호해야만 하는 상
황이 되었다. 아버지와 함께 있는 시간이 여전히 어색하고 불편했지
만 관찰자의 위치로 물러나 아버지가 의사나 간호사를 어떻게 대하
는지 지켜볼 수 있는 기회이기도 했다. 과연 아버지는 자신을 도와주
려는 모든 의료진에게 트집을 잡아 짜증을 냈다. 그 순간 그 친구는

문득 깨달았다. 그는 이렇게 말했다.

"부정적인 감정은 담배꽁초야. 난 계속 흡연실에 갇혀 있었어. 나 혼자 담배를 피우지 않으면서 말이지."

마침내 그는 자신이 아버지(감정이 메말라버린 사람)에게서 사랑을 한 방울도 짜낼 수 없다는 걸 깨달았다. 그 사실을 깨닫고 나자 그는 괴로운 마음이 사라지는 걸 느꼈다. 그리고 다시 건강해지려면 우선 흡연실에서 나와야 한다고 생각했다. 몸이 건강해야만 옆에 있는 사람에게 더 많은 관심을 쏟고 더 나은 관계를 만들 수 있으므로 그는 이제 '헤어짐'과 '버림'을 동일시하지 않게 되었다.

자신의 감정을 배제하고 관찰자의 입장에서 아버지를 지켜본 뒤 아버지가 비록 엄하고 까다롭긴 하지만 그런 성격이 아무 쓸모도 없는 건 아니라는 걸 알았다. 가끔은 아버지의 예리한 말 한마디가 주위 사람들에게 영감을 주기도 했다. 다만 그가 아버지에게 바라는 것을 충족시켜주지 못할 뿐이었다.

그러자 그는 어차피 안 되는 것에 집착해 고통을 자초할 필요가 없다고 생각했다. 틀린 곳에서 맞는 대답을 찾겠다고 고집하면 서로를 더 고통스럽게 할 뿐이다. 그때부터 그는 아버지가 자신의 선택을 나무랄 때 더는 자신을 보호하며 아버지를 이해시키려 노력하지 않았고, 아버지의 말이 끝날 때까지 조용히 듣고 있거나 대화가 자연스럽게 중단되도록 자리를 피했다.

어떤 물건이 누군가에게는 쓸모없는 폐품이지만 또 다른 누군가에게는 보물일 수 있듯, 아무리 좋은 사람도 그를 싫어하는 사람이 있을 수 있고 아무리 나쁜 사람도 그를 사랑하는 사람이 있을 수 있다. 정리는 사람이나 사물이 더 좋은 곳을 찾아가도록 놓아주고 잘못된 위치를 바로잡아 주는, 일종의 흐름 같은 것이다.

이별에 적응할 시간을 허락하라

어떤 관계든 잘라낼 때는 잘라내기로 결심한 당사자 또한 방황, 망설임, 두려움, 실망, 괴로움, 분노, 걱정 등에 휩싸인다.

나는 인생에서 첫 이직을 눈앞에 두었을 때 아주 오랜 고민 끝에 결정을 내렸다. 혹시 잘못된 결정을 내려 좋은 기회를 놓치게 될까 봐 두려웠고, 나를 믿고 내게 잘해준 상사에게 몹시 미안했다. 나를 믿고 끌어주었던 상사의 선의를 저버리는 것이 너무 이기적인 행동인 것 같아 걱정했다. 그 때문에 사표를 제출한 뒤 상사가 나를 불러 면담하는 장면을 상상하며 어떻게 대답할지 연습했다. 상사가 붙잡아서 마음이 약해지면 어떻게 하지? 하지만 어렵사리 사표가 수리된 후 기뻐한 것도 잠시, 옛 직장의 좋은 점이 생각나 그립기도 하고 새로 이직하는 회사에서도 그렇게 별 탈 없이 일할 수 있을지 걱정되었다.

이직도 어렵지만 친구와 멀어지는 건 더 쉽지 않다. 먼저 친구와 거리를 두려는 쪽이든 반대로 친구가 자신에게서 멀어지려는 걸 느낀 쪽이든 관계가 예전으로 다시 돌아갈 수 없다는 걸 아는 순간 슬픔과 아쉬움에 휩싸인다. 상대의 소식을 듣기만 해도 감전된 듯 어떻게 반응해야 할지 몰라 긴장하고 무의식중에 상대와 관계된 모든 물건을 회피하고 외면하려 한다. 어느 정도 시간을 두고 천천히 적응해야만 그 사람과 그 관계에 대해 다시 이야기할 수 있다.

그러므로 상대가 연인이든 형제든 아니면 동료, 친구, 상사, 가족 그 누구든 관계를 정리함으로써 자신의 감정이 타격을 입는다면 억지로 강한 척하지 말고 얼마 동안은 우울해할 시간을 자신에게 허용하는 것이 좋다. 마음이 상처받았다는 걸 알아야 걸음을 멈추고 상처를 감쌀 수 있다. 상처를 품은 채 계속 관계를 유지하며 상대가 자신의 상처를 보듬어 아픔을 씻어주길 기대하는 건 현명한 방법이 아니다.

관계를 정리하고
상대와 이별하는 일곱 단계

상대와 입장 차이를 좁힐 수 없음을 깨닫는다면 적당히 떨어져서 서로에게 차분히 생각할 공간을 내어주는 것이 당신이 서로에게 줄 수 있는 마지막 선물이자 과거의 아름다운 기억을 소중하게 간직할 수 있는 방법이다. 다음은 관계를 정리하고 상대와 이별하는 일곱 단계이다.

1단계: 마지노선을 정하라

가까운 관계일수록 잘라내기가 쉽지 않다. 뜻밖의 일이 생기거나 귀인이 나타나 관계를 다시 원만하게 되돌려주길 기대하지만 그럴수록 정리를 계속 미루게 되고 많은 감정과 요구가 섞이면서 관계를 잘라내기가 점점 힘들어진다.

그러므로 아무리 신념을 바꾸고 소통 방식을 변화시키려 해도 상대가 따라오지 못하거나 상대가 향하는 방향이 나와 다르다면 그 관계에 대한 과도한 기대는 접고 마지노선이나 목표를 분명히 정하는 것이 좋다.

앞의 6장에서 남자친구의 사랑에 숨 막혀 하던 위팅의 사례를 보자. 그녀는 다른 여자가 나타나 남자친구의 관심을 끌어주길 바랐다. 그러면 그녀가 이별의 부담을 짊어질 필요가 없기 때문이다. 하지만 그건 그녀의 힘으로 실현할 수 없는 기대일 뿐 아니라 문제를 다른 여자에게 떠넘기는 것이다. 진정한 관계 정리가 아니라 요행을 바라며 도망치는 '폭탄 돌리기 게임'인 것이다.

그래서 그녀는 남자친구가 자신의 휴대폰을 함부로 가져다가 통화기록과 메시지를 검사하고 심지어 자기 마음에 들지 않는 사람의 연락처를 지워버릴 때 남자친구에게 이렇게 말했다.

"네가 내게 관심이 많다는 것도 알고 나도 누군가에게 관심받는 게 좋지만 이건 너무 심하잖아. 나도 친구를 사귈 권리가 있어. 네가 걱정할 만한 일은 하지 않을게. 그래도 안심할 수 없다면 잠시 떨어져서 생각해보자. 앞으로 석 달 동안은 나와 연락이 되지 않으면 내가 바쁜 일을 끝내고 전화할 때까지 조용히 기다리겠다고 약속해. 동의하지 않는다면 내가 집을 옮길게."

'휴대폰을 함부로 검사해 사생활을 침범하지 못하도록' 경계를 분명하게 긋고 '친구를 자유롭게 사귀고 자신의 스케줄을 결정할 수 있는 권리를 되찾으며' 위팅은 자신이 연인의 존중을 원한다는 걸 알았다.

그녀는 얼마 안 되는 사랑을 얻기 위해 자신의 존엄을 버리고 싶지 않았다.

2단계: 물리적 거리를 띄워 왕래하는 시간을 줄여라

나는 예전에 이런 말을 한 적이 있다.

"오래된 관계의 가장 큰 단점은 너무 가까워서 상대를 잘 볼 수 없다는 것이다. 일정한 거리를 유지할 때 전체 모습을 볼 수 있고, 상대의 상처와 문제를 또렷하게 알고 노력하기를 포기할 수 있다."

바꿀 수 없으면서 계속 그 자리에 머물러 있으면 새로운 관점과 가능성을 보지 못하고 습관적으로 상대에게 반응하게 된다. 위팅은 마지노선을 정하고 심리적, 물리적 거리를 넓힌 뒤 자신이 그 관계 속에서 어떤 모습인지 분명히 인식했다.

그녀는 과거 자신이 남자친구에게 너무 의존해 모든 신경을 그에게 쏟고 다른 사람들과는 거의 교류하지 않았다는 사실을 알았다. 만약 두 사람이 이 상태로 이별한다면 그녀 자신도 외로움과 헛헛함을 견디지 못하고 다시 남자친구에게로 돌아갈 것이다. 그래서 그녀는 자기 시간을 어떻게 보낼지 스스로 결정하고 혼자 있는 법을 배워야 했다. 새로운 사람들과 사귀고 새로운 방법으로 누군가의 관심을 받고 싶은 욕구를 채울 수 있어야 했다. 그래야만 외로움이 두려워 쉽게 누군가에게 기대지 않을 것이었다.

그녀는 남자친구와 동거하고 있는 집에서 당장 나오지는 않았지만 자기 자신에게 집중하며 남자친구와 함께 있는 시간을 줄이고 자신만의 시간을 늘리기 시작했다. 그러면서 지금 옆에 있는 이 사람이 정말로 자신을 행복하게 해줄 수 있을지 생각했다.

너무 가까우면 마찰이나 충돌이 일어나기도 쉽다. 일정한 거리를 두어야만 서로가 없는 생활이 어떨지 경험할 수 있고 이성적으로 숨을 쉬며 성장할 수 있다. 관계의 정리는 물건을 정리하는 것과 달라서 너무 갑작스럽게 잘라내면 예상치 못한 부작용이 생길 수 있다.

3단계: 이별을 준비하라

이 단계에서는 상대와 관련된 모든 것을 경험하고 이해해야 한다. 좋은 것이든 나쁜 것이든 잠시 내려놓고 이별이란 상대를 잃는 것이 아니라 과거 자신의 일부와 작별하는 것임을 받아들인 뒤 상대로 인해 생긴 모든 습관을 천천히 바꾸어야 한다. 그래야만 이별에 빨리 적응하고 더 성장할 수 있다. 심리적인 준비 외에도 법적, 경제적 문제(양육권 등)가 얽혀 있는 관계라면 관련 법률이나 규정을 이해하고 앞으로 발생할 수 있을 만한 일을 예상해 준비하는 시간이 필요하다.

위팅은 자신이 아무리 노력해도 남자친구의 소유욕이 줄어들지 않을 것이라고 판단했다. 포용하고 기다리는 자신의 행동이 오히려 남자친구의 통제를 부추기고 묵인하고 있으며 이 연인 관계를 끊어야만 그의 행동이 상대에게 얼마나 상처를 주는지 깨닫게 할 수 있다고 생각했다.

그녀에게는 준비가 필요했다. 그가 약속을 지키지 않을 것이었으므로 그에 대한 믿음을 거두고 두 사람이 함께했던 많은 추억에 관해 이야기하지 않으며, 경제적으로도 남자친구에게 의지하지 않고 독립해야만 이별로 인한 아픔을 잘 극복할 수 있을 것이었다.

하지만 명심해야 할 것이 있다. 준비도 중요하지만 준비가 덜 되었다는 이유로 결단을 계속 미뤄서는 안 된다는 사실이다. 관계를 잘라내는 것이 고통스러운 일이라는 것, 두 사람이 나누어 감당했던 짐을 오롯이 혼자서 짊어져야 한다는 것, 인내심을 단련할 시간이 필요하다는 것을 안다면 그것으로 마음의 준비는 충분하다.

4단계: 잘 이별하라

마침내 실제로 이별하는 단계가 되었다. 서로 정말 맞지 않는데도 관계를 계속 유지하면 더 많은 다툼과 상처만 생길 뿐이다. 하지만 막상 헤어지자고 말하려니 그게 틀린 결정은 아닐까 두렵기도 하고 남들에게 무책임하고 이기적인 사람으로 보일까 봐 망설여진다.

그래서 당신은 자신이 진정으로 바라는 것이 무엇인지 생각해보기 시작했다. 서로의 가치관 차이를 극복할 수 없다는 걸 알고 잘라내기로 결심했다. 상대를 무시해서가 아니라 더는 상대에게 변화를 강요하지 않고 서로에게 도움이 되지 않는 관계에 에너지를 소비하지 않기로 한 것이다.

떠나는 것은 자신을 지키기 위한 선택이지만 상대를 더욱 존중하는 일이기도 하다. 그러므로 안심해도 좋다. 당신은 이 관계를 깨뜨린 죄인이 아니다. 계속 괜찮은 척 연기하며 노력하면 모든 차이가 해결될 거라는 착각에 빠져 살고 싶지 않을 뿐이다. "잠시 연락하지 말자" "헤어지는 게 우리 둘을 위한 일이야" "앞으로 자신을 잘 돌봐. 나는 더 이상 네 생활에 간섭하지 않을게" "관계를 돌이킬 수 없다면 잘 이별하는 게 나을 거야" 같은 말을 할 때 너무 자세히 시시콜콜하게 설명할 필요는 없다. 그저 단호하게 당신이 할 행동에 대해서만 이야기하면 된다.

어쩌면 상대가 당신에게 설명해달라고 하거나 마음을 돌리라고 애원할 수도 있다. 당신이 원하는 대로 다 하겠다고, 이제부터 변하겠다면서 말이다. 그러면 크게 심호흡한 뒤 이렇게 말하라.

"충분히 생각하고 내린 결정이야. 네가 당장은 받아들이기 힘들 거라는 거 알아. 하지만 이렇게 하는 게 우리 둘 모두를 위해서 좋아. 그러니까 이해해줘."

상대가 어떤 반응을 보이든, 어떻게 당신을 붙잡든 상대의 마음에 고마움을 표시한 뒤 다시 이 말을 반복하면 된다. 당신이 할 말은 이것뿐이다.

이별의 목적은 다툼이 아니라 내려놓는 데 있으므로 언어 선택에 신중해야 한다. 자신이 옳음을 증명하기 위해 상대를 설득하거나 비난해서는 안 되며 최대한 부드러운 태도로 단호하게 상대에게 당신의 선택을 알리면 된다. 이것은 성숙함의 표현이기도 하다.

가족(형제나 부모)은 끊을 수 없는 혈연으로 이어져 있는데 가족과의 이별이 무슨 의미가 있는지, 오히려 상황을 더 악화시키는 건 아닌지 묻는 사람들도 있을 것이다. 이런 점을 감안해 가족과의 이별에는 절충된 방법을 사용하는 것이 효과적이다.

바로 상대와 마주치는 횟수를 줄이면서 천천히 거리를 넓히고, 이런 식으로 소극적으로 대응하며 마음속으로 혼자 이별하는 것이다. 꼭 상대에게 "우리 다시는 연락하지 말자"라고 선포해야만 이별인 것은 아니다. 자신이 그 관계를 위해 어느 정도 에너지와 관심을 할애할 것인지(명절에 만나서 함께 식사하는 것 등) 경계를 분명하게 그은 뒤 이 선을 넘는 행위에 대해선 일절 감정적인 반응을 보이지 않는다면 마음속에서 상대와 이별할 수 있다.

관계를 맺는 데는 두 사람이 필요하지만 어느 한쪽이든 손을 놓으면 관계가 계속 이어질 수 없다. 반드시 상대의 동의를 얻어야 관계에서 벗어날 수 있는 것은 아니다. 상대에 대한 관심이 사라졌다면, 마음의 문을 닫아걸었다면 같은 세상에 살고 있어도 이미 관계를 끊은 것과 같다.

5단계: 추억과 물건을 정리하라

성장이란 내려놓음과 정리의 연속이다. 환상, 집착, 의존, 아픔을 내려놓고 계속 성장해야 한다.

마침표는 관계가 끝났음을 의미하지만 다른 관계의 시작을 예고하는 또 다른 출발점이기도 하다.

둘이 함께했던 과거의 기억을 다 지울 필요는 없다. 그것들도 삶의 중요한 일부이므로 정리를 위해 잠시 봉인한 뒤 구석에 놓아두면 된다. 그러다가 더는 그것들이 감정의 동요를 일으키지 않을 때 봉인을 푸는 것이다.

몇 달 뒤 위팅은 남자친구 집에서 나와 처음으로 자기 이름으로 집을 얻고 자신이 원하는 분위기로 꾸몄다. 이사하면서 남자친구에게 받은 선물이나 남자친구와 관계된 물건들은 모두 상자에 넣어 깊숙한 곳에 보관했다. 1년 뒤에 상자를 열고 그것들을 어떻게 처리할지 다시 생각해보기로 했다. 그때가 되면 그 물건들을 다시 꺼내 쓰더라도 마음이 흔들리거나 고통스럽지 않을 것 같았다. 컴퓨터와 휴대폰에 들어 있는 사진도 열어볼 기회를 줄이기 위해 모두 USB로 옮겨 보관했다.

　가까운 사람이 세상을 떠났을 때 진정으로 그 죽음을 받아들이는지 받아들이지 못하는지 가장 쉽게 판단할 수 있는 기준이 바로 죽은 사람의 유품을 처분할 수 있는지의 여부다. 사람의 마음은 물리적 공간에 구체적으로 반영된다. 우울하고 생각이 복잡한 사람은 주위 환경도 어수선하다. 그러므로 공간을 정리하는 것은 마음을 차분하게 안정시키는 동시에 외부 환경의 변화를 통해 자신에게 삶의 새로운 페이지가 시작되었음을 암시하는 효과가 있다.

6단계: 금단현상을 이겨내라

뉴턴의 작용-반작용의 법칙은 어떤 물체에 힘을 가하면 그와 동시에 반대 방향으로 작용력이 나타나는 원리를 말한다. 이 원리가 관계에도 똑같이 적용된다. 상대에게 에너지를 쏟다가 손을 놓으면 반작용력이 다양한 감정적 반응을 만들어낸다. 반작용으로 자신에게 나타나는 의심, 실망, 고통, 분노 등은 당신이 잘못해서 벌을 받는 것이 아니라 당신이 상대를 중요하게 생각해왔다는 뜻이다.

　시간의 마찰력을 통해 이별의 반작용력을 상쇄할 수 있지만, 그 외에도 속으로 자기 자신을 끊임없이 다독이고 설득하는 것 또한 슬럼프를 극복할 수 있는 한 가지 방법이다. 당신이 어째서 이 관계를 잘라내려고 했는지 스스로 계속 상기시키는 것이다.

　위팅도 "숨 막히는 관계 속으로 다시 돌아가기 싫어. 더 나은 사람이 되고 싶어"라고 수시로 되뇌었다. 마침내 그녀는 학교로 돌아가 중단했던 학업을 계속하기로 결심했다.

자신이 원하는 미래를 상상해 마음속으로 계속 되뇌면 이런 긍정적인 사고가 자기암시가 되어 정말로 현실이 되기도 한다. 씨앗을 심은 뒤 계속 물을 주면 훗날 열매를 수확할 수 있는 것과 같다.

자신에게 어떤 말을 해주는 것이 좋을까? 다음의 두 가지 방향에서 생각해보자.

첫째, 가끔은 약한 모습을 보여도 괜찮다. 마음속에서 무엇이 채워지길 갈망하는가?

둘째, 어떤 변화를 원하는가? 자신이 어떤 모습으로 바뀌길 바라는가?

원치 않는 관계를 잘라낼 수 있을 뿐 아니라 바라는 바를 구체적으로 말할 수도 있어야 한다. 예컨대 "더는 시시콜콜 간섭당하기 싫어"라고 말하지 말고 "더 많은 결정권을 원해"라고 직접적으로 말해야 한다. 물론 당신이 감정의 소용돌이에 매몰되지 않도록 옆에서 응원해줄 가족이나 친구가 있으면 가장 좋다.

7단계: 새로운 세상으로 나아가라

시간적, 공간적 거리를 넓히면 그 관계가 내 생활에서 차지하는 비중

이 점점 줄어든다. 친구든, 동료든, 배우자든, 심지어 가족이든 서로 맞지 않는다면 다음번에 만나는 관계는 더 순조롭길 축복해주어야 한다. 하지만 상대에게 받은 상처가 너무 깊어서 도저히 축복해줄 수 없다면 억지로 할 필요는 없다. 내려놓으면 그만이지 반드시 용서할 필요는 없다. 바꿀 수 없는 과거를 바꾸려고 계속 애쓰는 것 자체가 아직 내려놓지 못했다는 뜻이다.

내려놓는 것은 잘못한 상대를 순순히 놓아주는 것이 아니라 부정적인 감정이 남긴 독소가 자기 인생에 해를 끼치지 못하도록 차단하는 것이다. 관계를 잘라낸 직후에는 속으로 자신을 다독이고 격려하며 이별의 우울함을 극복해야 하지만 상대가 가끔씩 생각나 화가 날 때 억지로 상대를 생각하지 않으려고 애쓸 필요는 없다. 거부하려고 하면 할수록 더 자주 생각날 것이기 때문이다. 진정으로 잊는 것은 생각하지 못하게 억지로 막는 것이 아니라 그 기억이 자신의 속도대로 당신의 기억에서 빠져나가게 내버려 두는 것이다. 어느 날 정말로 그것을 잊어버린 자신을 발견한다면 당신이 새로운 세상에 발을 내딛었다는 뜻이다.

연인의 이별이라는 흔한 사례를 살펴보았으므로 좀 더 복잡한 가족의 사례를 살펴보겠다.

가족들에게 자꾸 손 벌리는
형 안 보고 살기

사오화(紹華)에게는 형이 있었다. 어릴 적부터 과시욕이 강했던 형은 착실하게 일하지 않고 벼락부자가 되기를 꿈꾸며 툭하면 고향에 가서 부모님에게 사업 자금을 달라고 조르곤 했다. 하지만 부모님의 연세가 많아져 옆에서 돌봐줄 사람이 필요해지자 형은 늘 바쁘다는 핑계를 대며 부모님 돌보는 일을 모두 사오화에게 맡겼다.

처음에는 사오화도 형을 존경했기 때문에 부모님에게 무슨 일이 있으면 형에게 알려주고 부모님을 찾아뵙게 했다. 하지만 그럴 때마다 형이 보인 반응에 실망했다. 부모님을 찾아가기는 하지만 부모님의 건강을 걱정해서가 아니라 다른 부탁을 하러 갔던 것이다. 번번이 부모님을 낙담시키자 사오화도 점점 형에게 지쳐갔다.

1단계: 마지노선을 정하라

사오화는 형에게 불만이 많았지만 부모님을 걱정시키지 않으려고 명절에 고향 집에 가면 형에게 기본적인 예의를 지켰다. 하지만 형은 부모님의 퇴직금을 다 날린 뒤에 사오화에게도 돈을 달라고 요구하기 시작했다. 그것도 직접 달라고 이야기하는 것이 아니라 부모님을 시켜서 형의 사업에 돈을 투자하도록 종용했다. 이것은 사오화가 정한 마지노선을 넘는 행위였다.

그 일을 계기로 사오화는 자신을 스스로 보호해야 한다는 사실을 깨달았다. 그러지 않으면 형이 돈을 계속 요구해올 것이고 집은 점점 가난해져 부모님이 불행한 노후를 보내게 될 것이라고 생각했다. 그래서 형에게 남아 있던 마지막 정까지 완전히 버리고 형제 관계를 끊기로 결정했다.

2단계: 물리적 거리를 띄워 왕래하는 시간을 줄여라

이 결정을 내린 뒤 사오화는 형의 모든 연락을 차단했다. 명절에도 형이 집에 가는 시간을 피해서 되도록 마주치지 않게 했다. 형이 자신에게 돈을 빌려달라고 말할 기회를 차단하고 둘 사이에 이미 형제간의 정이 사라졌음을 형에게 알리기 위해서였다.

3단계: 이별을 준비하라

사오화는 변호사를 찾아가 어떻게 하면 형이 부모님의 재산을 몰래 팔거나 부모님이 모르는 사이에 부모님의 재산을 담보로 대출받는 걸 막을 수 있는지 자문을 구하는 한편, 부모님을 가까운 거리에서 보살피기 위해 자기가 사는 도시로 모셔왔다.

4단계: 잘 이별하라

사오화는 형의 성격에 어떤 문제가 있는지 잘 알고 있었으므로 형과의 관계를 끊는 건 어렵지 않았다. 그보다는 명절에 온 가족이 모일 수 없는 걸 아쉬워하는 부모님에게 죄책감을 느끼지 않고 친형에게 너무 냉정하게 군다고 생각하지 않기가 더 어려웠다.

사오화가 이별해야 하는 건 형이 아니라 화목한 가족에 대한 상상이었다. 가족은 자신이 선택할 수 없는 것이므로 자신이 유일하게 할 수 있는 건 경계선을 굳게 지키는 일뿐이라고 반복해서 되뇌었다.

5단계: 추억과 물건을 정리하라

어릴 적에는 사오화도 형을 좋아했고 둘은 사이가 좋았다. 하지만 성인이 되어 사회로 나온 뒤 형제의 가치관이 점점 달라지기 시작하더니 사사건건 부딪쳤다. 한번은 이사를 하다가 사춘기 때 형과 함께 가지고 놀았던 물건을 많이 찾아냈다. 그는 그걸 잘 싸서 깊숙한 곳에 두고 일부는 친구들에게 선물하며 자신의 청춘 시절과 작별했다. 사오화는 형과 관계를 끊음으로써 자신의 책임이 더 무거워진다는 사실을 잘 알고 있었다.

6단계: 금단현상을 이겨내라

사오화가 가장 극복하기 힘든 감정은 슬픔이 아니라 분노였다. 특히 일이 바쁠 때 부모님이 편찮으시면 부모님을 오롯이 혼자 책임져야 하는 불공평한 상황에 화가 났다.

하지만 '부모님이 나를 길러주시지 않았다면 내가 지금 이렇게 무거운 책임을 짊어질 수 없었을 거야. 내가 감당할 수 있다는 건 좋은 일이야. 내게 능력이 있고 부모님을 사랑할 줄 안다는 뜻이니까'라고 생각을 바꾸려 노력했다. 그러자 모든 감정을 자연스럽게 극복할 수 있었다.

7단계: 새로운 세상으로 나아가라

부모님은 더는 사오화 앞에서 형 이야기를 꺼내지 않았고 사오화가 부모님을 위해 해주는 일들을 고마워했다. 부모님도 점점 사오화의 단호한 행동이 이 가정을 지키고 형에게 본인의 행동에 책임져야 한다는 사실을 가르쳐주려는 것임을 알았다.

앞으로 형과의 관계가 또 어떻게 바뀔지, 형이 잘못을 뉘우치고 새로운 사람이 될지 사오화도 알 수 없다. 하지만 적어도 그는 자신과 사랑하는 부모님이 무조건적인 사랑 때문에 상처받지 않도록 지켜냈다. 그는 언젠가 형과의 사이가 회복된다면 그때는 이 가족이 더 끈끈하고 탄탄한 관계로 맺어질 것이라고 믿고 있다.

이별은 서로가 서로에게 주는 마지막 선물이다

이 일곱 단계가 물 흐르듯 순조롭게 진행되는 것은 아니다. 가끔은 어떤 단계에서 고비를 만나 방황하고 다음 단계로 넘어가지 못할 수도 있다. 그건 지극히 정상적인 일이다. 특히 누군가와 헤어진 경험이 한 번도 없는 사람이라면 실망과 슬픔에 대한 면역력을 높이고 독립성과 자주성을 갖추기 위해 시간을 조금 더 필요로 할 수 있다. 반드시 남의 걸음에 맞춰 걸을 필요는 없다. 실망감을 해소하는 나만의 방식을 받아들이고 관계 회복이든 내려놓음이든 억지로 서둘러서는 안 된다.

처음에 이 관계를 잘라내기로 결심했던 이유가 존중받기 위함이었다는 걸 잊지 말자. 자기 자신이 먼저 자신을 존중해야 남에게도 존중받을 수 있다.

연인이나 배우자가 물리적, 정신적인 폭력을 가하는 경우에도 관계를 정리할 수 있다. 하지만 정리하기로 결심하기 전에 반드시 전문가에게 협조를 구해야만 그 과정에서 받을 상처를 최소화할 수 있다.

누군가 인생은 죽음으로 향하는 과정이라고 말했다. 태어나는 순간부터 죽음을 향한 카운트다운이 시작된다. 잔인하게 들릴 수도 있지만 현재를 소중히 여겨야 한다는 사실을 일깨워주는 말이다. 사람이 죽지 않고 영원히 산다면 그런 인생도 역시 행복하지는 않을 것이다.

마찬가지로 어떤 관계든 서로 만난 순간부터 이별에 점점 가까워진다. 이 사실을 안다면 잃을까 봐 두려워하지 않는 것이 진정한 소유임을 알 수 있을 것이다.

관계는 기복이 있기 마련이다. 더는 나아갈 수 없다고 판단했다면 걸음을 멈추고 서로에게 변화를 강요하지 않으며 현재의 모습을 받아들인 채 잘 이별하는 것이 성숙한 모습이다. 누구 없인 절대로 안 되는 건 이 세상에 없다. 자신에게 관계를 수립할 능력이 있음을 믿는 다면 누가 떠나도 두렵지 않을 것이다.

5부

삶의 질을 높여주는 관계 정리의 기술

기적 같은 삶이 찾아오다

잘라내고 정리하는 것은 우리가 생각하는 것보다
훨씬 더 큰 가능성을 품고 있다

이별 안에 숨어 있는
가능성

나의 삶에 부담과 스트레스를 주는 사람을 정리하기로 마음먹었다면 정리의 기술을 배우는 것도 중요하지만 인생을 솔직하게 마주할 용기와 결심을 갖는 것이 더 중요하다. 우리가 어떤 관계에 의지하는 건 대부분 외로울까 두렵기 때문이다. 하지만 둘이 함께 있을 때 느끼는 외로움이 혼자 있을 때 느끼는 외로움보다 훨씬 더 시리고 아프다는 사실을 모르고 있다.

두려움은 사람을 통제하고 공포는 사람을 아무렇지 않은 척 위장하게 만든다. 관계를 유지하는 이유가 정말로 좋아서인가, 아니면 채워지지 않은 결핍 때문인가? 이 질문의 답은 각자에게 맡기겠다. 하지만 이 질문에 대답할 때 마음에 작은 거리낌이라도 생긴다면 관계를 유지하는 것이 더 나은 선택이 아닐 수 있으나 이 관계를 떠났을 때 다가올 도전이 두렵기 때문에 쉽게 정리하지 못하는 것이다. 그렇다면 이제부터 살펴볼 슈잉(秀英)의 이야기가 큰 힘을 줄 것이다. 잘라내고 정리하는 것은 우리가 생각하는 것보다 훨씬 더 큰 가능성을 안겨주곤 한다.

진정한 용기란 자신에게 반대하는 사람에게 도전하는 것이 아니라 과거에 자신이 내린 선택에 의문을 갖고 그 선택을 수정하는 것이다. 물론 그로 인한 책임을 스스로 짊어질 때 진정으로 성숙한 사람이라고 할 수 있다.

모든 관계를 망치지 않으려다
나 자신을 망가뜨렸다

"선생님, CT 촬영 결과도 모두 정상인데 왜 이렇게 두통이 심하죠? 머리가 지끈거려서 눈을 뜰 수가 없어요."

슈잉이 모니터에 뜬 검사 결과를 보며 이해할 수 없다는 표정으로 물었다.

"약을 먹어도 좋아지지 않을 것 같군요."

"왜요? 그럼 어떻게 해요?"

"이렇게 자율신경계 이상으로 심한 두통을 앓는 환자를 많이 봤어요. 스스로 내려놓지 않으면 호전되지 않아요."

의사의 말이 예언처럼 슈잉의 가슴에 날아와 박혔다. 그녀는 어째서 내려놓는 것이 약보다 더 효과가 있는지 이해할 수 없었다. 무엇을 어떻게 내려놓아야 할까?

슈잉은 지난 10년간 심한 두통에 시달렸다. 한번 두통이 시작되면 속이 메스꺼려 밥을 먹을 수 없고 돌덩이가 가슴을 짓누르는 것처럼 숨을 쉬기가 힘들었으며 잠을 잘 수도 없었다. 거의 뜬눈으로 밤을 새우지만 다음 날 그녀는 억지로 몸을 일으켰다. 그날 처리해야 할 일이 쌓여 있었기 때문이다.

슈잉은 병원을 나와 곧바로 회사에 가서 재무제표를 작성했다. 월말이라 할 일이 많았다. 바쁘게 일하고 있는데 설상가상 사장님이 갑자기 회의를 소집했다. 거절할 수가 없어서 하던 일을 미뤄놓고 회의에 참석했다.

회사 일을 마친 뒤 저녁을 사 들고 집에 돌아오니 10시가 훌쩍 넘어 있었다. 사 온 음식들은 저녁밥이 아니라 야식인 셈이었다.

현관문을 열고 들어가자 문이 열려 있는 딸의 방이 보였다. 딸이 아직 잠들지 않은 것 같았다. 올해 중학교에 입학한 딸이 새로운 환경에 잘 적응하고 있는지 물어보려고 방에 들어섰다. 딸이 약병을 들고 상처에 약을 바르는 모습이 눈에 들어왔다. 자세히 보니 딸의 배꼽

근처가 곪아 있었다. 슈잉이 왜 마음대로 피어싱을 했느냐고 버럭 화를 냈다. 자신의 잘못을 감추려고 더 화를 내는 건지 아니면 정말 서러운 건지 몰라도 딸이 슈잉의 말이 끝나기도 전에 큰 소리로 대들며 평소 엄마에게 품고 있던 불만을 한꺼번에 쏟아냈다. 그러고는 마지막에 이렇게 쏘아붙였다.

"엄만 매일 이렇게 늦게 들어오잖아! 엄마가 날 위해서 뭘 해줄 수 있는데?"

딸이 당돌한 눈초리로 슈잉을 쏘아보며 혀를 내밀었다. 배꼽에만 피어싱을 한 게 아니라 혀에도 링이 두 개나 걸려 있었다.

딸을 때리고 싶은 충동을 가까스로 억누르며 슈잉은 딸의 방문을 쾅 닫고 자기 방으로 들어갔다. 그날 밤에도 잠이 오지 않았다. 침대에서 뒤척이며 자신이 어쩌다 이렇게 됐는지 돌이켜봤다.

그녀와 남편은 선배 소개로 만났다. 주말에 가끔 데이트를 했고 말이 잘 통하는 편이었다. 그렇게 1년쯤 사귀었을 때 가족들이 혼기가 찼으니 어서 결혼하라고 슈잉을 압박했다. 슈잉은 아직 서로에 대해 깊이 알지 못하는 데다 고부 관계를 원만하게 유지할 수 있을지 걱정이 되어 망설였다. 하지만 남편은 부모님 집 위층에서 둘이서만 살면 생활공간이 분리되어 있고 매일 함께 식사할 필요도 없으므로 문제 될 게 없다고 장담했다.

하지만 결혼식을 올린 뒤 그 모든 게 환상이었다는 걸 깨달았다. 시어머니는 슈잉에게 너무 많은 규칙을 들이대며 지킬 것을 강요했고 아무 때나 불쑥불쑥 집에 올라왔다. 집안일을 도와주겠다는 핑계를 댔지만 사실은 슈잉이 규칙을 잘 지키는지 감시하려는 것이었다.

명절에는 더 악몽이었다. 산더미처럼 쌓여 있는 주방일 때문에 잠깐 앉을 틈조차 없었다. 임신을 해도 상황은 나아지지 않았다. 어려서부터 손 하나 까딱하지 않고 오냐오냐 자란 남편은 누군가를 배려할 줄 몰랐다. 임신 소식에 기뻐하던 시어머니는 배 속 아기가 딸이라는 걸 알고는 심드렁한 표정으로 "곧바로 둘째를 가져라. 젊을 때 어서 낳아야지"라고 말했다. 슈잉은 시어머니가 손자를 바란다는 걸 알고 있었다. 하지만 입덧이 심한 데다 회사에서 승진한 지 얼마 되지 않아 출산하기 일주일 전까지 야근을 했기 때문에 이 모든 게 두려워 둘째를 가질 엄두를 내지 못했다. 딸이 태어나자 그녀와 남편은 자연스럽게 각방을 쓰며 명분뿐인 부부로 살았으나 이혼을 생각해본 적은 없었다.

슈잉은 문득 그날 오전 의사가 했던 말을 떠올렸다. 이렇게 오랫동안 뭘 지키며 살아온 걸까? 그녀는 자신이 모든 역할을 다 잘하려고 악착같이 애쓰고 있다는 걸 알았다. 엄마든 아내든 직원이든 관리자든 며느리든…… 어느 하나라도 잘 해내지 못하면 무능한 사람이 된 것만 같았다.

그녀에게 내려놓는 건 곧 실패를 의미했으므로 이를 악물고 버텼다. 모든 게 다 편안한 척했다. 하지만 딸의 말이 비수처럼 가슴을 찔렀다. 의사의 말이 맞았다. 그녀에게 필요한 건 내려놓는 것이었다. 그래야만 이 모든 게 좋아질 수 있었다.

만약 내려놓는다면 어떤 역할을 먼저 내려놓아야 할지 고민했다. 머릿속에 '며느리'라는 세 글자가 떠올랐으나 곧바로 고개를 저었다. 며느리 역할을 내려놓으려면 이혼하는 수밖에 없었다. 그녀는 딸이 온전한 가정에서 자라기를 바랐다.

'다 포기할 수 없으면 어떻게 하지?' 우선 작은 것부터 시도해보기로 했다. 더 이상 모든 일에 최선을 다하지 않으면 세상이 무너질까?

다음 날 그녀는 남편과 함께 시댁 모임에 참석하지 않고 딸을 데리고 병원에 가겠다고 말했다. 예상대로 그 문제 때문에 아침부터 남편과 다투었다. 하지만 자신의 결정을 단호하게 알린 뒤 딸을 데리고 집을 나섰다. 그녀는 죄악감이 들어 괴로울 거라고 생각했지만 차를 몰고 병원에 가는 동안 이상하게 마음이 홀가분했다. 식당에 앉아 억지 미소를 띤 채 친척들이 나누는 잡다한 이야기를 듣고 있을 필요가 없었다. 시댁 모임에 가지 않은 덕분에 생긴 시간 동안 딸과 차분히 대화를 나누며 딸의 생각과 요즘 생활을 이해할 수 있었다. 그녀는 이게 아주 훌륭한 결정이었다고 생각했다.

신기하게도 그날은 머리가 아프지 않았다. 그녀가 무슨 일을 할 때 행복한지 몸은 알고 있었던 것이다. 저녁에 집에 돌아왔을 때 시어머니는 한두 마디 잔소리를 했을 뿐 크게 역정 내지 않았다. 이 일을 계기로 그녀는 최악의 결과를 미리 짐작할 필요가 없다는 사실을 깨달았다. 상대는 그녀가 생각하는 것만큼 사납고 무서운 사람이 아닐 수도 있다. 그녀의 침묵이 늘 그녀 자신을 억누르고 주눅 들게 만들어 남들이 그녀를 함부로 대하도록 했던 것이다.

주말이 지나고 회사에 출근하자 사장님이 또 갑자기 예정에 없던 업무를 지시했다. 역시 습관적으로 알았다고 대답했지만 저녁이 되자 다시 두통이 시작되었다. 그녀는 지난번 경험에서 배운 대로 일을 멈추고 자신에게 물었다. '왜 거절하지 못했을까?'

처음에는 자신이 '돈' 때문에 거절하지 못했다고 생각했다. 딸의 교육보험을 납입해야 하고 자신의 능력에 도전해보고 싶은 마음도 있었다. 하지만 이것은 결정적인 이유가 아닌 것 같았다. 그러다가 어느 날 사장님이 다른 동료를 해고하겠다고 이야기했을 때 그녀는 문득 깨달았다. 자신이 사장님의 지시를 거절하지 못한 이유가 '직장을 잃을까 봐 두려워서'였다는 것을 말이다. 만약 직장을 잃는다면 그녀는 전업주부로서 아내와 며느리 역할만 하며 살아야 했다.

슈잉은 자신이 직장을 다니는 이유가 표면적으로는 돈을 벌고 성취감을 얻기 위해서였지만 더 깊이 파고들어 가면 사실 일종의 '도피'라는 걸 깨달았다. 그녀는 불행한 결혼 생활을 똑바로 마주하고 싶지 않았던 것이다. 결혼 생활에서 받는 스트레스를 일로 가지고 와서 일에 모든 신경을 쏟아부으며 불행한 결혼 생활을 잊으려 했지만 결국 노동력을 착취당하고 있을 뿐이었다.

이 사실을 깨닫고 난 뒤 슈잉은 일하는 방식을 바꾸었다. 자신의 업무에서 벗어난 일이라든가 갑자기 내려오는 지시를 거절하고, 사장님에게 업무 효율을 높이려면 자신과 어떻게 소통해야 하는지 알려주었다. 비록 그 과정에서 사장님과의 관계가 서먹해졌고 이 때문에 다시 예전 방식으로 돌아가야 하나 고민한 적도 있었지만 사장님 또한 새로운 방식이 더 효과적이라는 사실을 알고 난 뒤에는 갑자기 예정에 없던 일을 시키던 버릇을 알아서 고치기 시작했다. 그러자 그녀도 돌발 상황에 발을 동동거리지 않고 차분하게 업무에 집중할 수 있었다.

야근이 줄어들고 가끔은 정시에 퇴근하기도 했다. 시간에 여유가 생기자 남편의 모습이 눈에 들어왔다. 남편은 퇴근 후 시댁에서 저녁을 먹고 집에 올라와 혼자 소파에 앉아서 시사대담 프로그램을 보며 TV 속 논객들처럼 사사건건 타박을 늘어놓았다. 그리고 딸의 행동이 못마땅하면 딸에게 심하게 화를 냈다. 딸이 몸에 피어싱을 한 이유도 마음에 이미 커다란 구멍이 뚫려 있었기 때문에 마음속 고통을 몸의 고통으로 표출했던 것이다. "엄마가 날 위해서 뭘 해줄 수 있는데?" 라는 딸의 말은 사실 도와달라는 SOS 요청이었다.

슈잉은 자신이 결혼 생활을 유지해야 딸이 온전한 가정에서 자랄 수 있다고 믿었다. 하지만 그녀가 시어머니와 마주치기 싫어 일에 몰두하는 동안 딸은 사랑받지 못한 채 메마른 사막에 홀로 내버려져 있었다.

슈잉은 몸부림쳤다. 벗어나고 싶었다. 우선 딸과 상의했다. 너무 이기적인 결정이라고 탓할까 봐 걱정했지만 딸은 그녀의 고민을 다 들은 뒤 담담한 말투로 이렇게 말했다.

"엄마에게서 무언가를 많이 얻어내고 싶은 사람들이 엄마한테 이기적이라고 말하는 거야."

딸의 그 말이 경종을 울린 듯 슈잉은 정신이 번쩍 들었다. 그녀는 딸이 많이 자랐다는 사실을 인정하지 않을 수 없었다. 심지어 딸이 그녀보다도 이 상황을 더 분명하게 파악하고 있었다. 슈잉은 용기를 내 남편에게 분가할 수 있는지 물었다. 시어머니에게서 벗어나 새롭게 온전한 가정을 만들고 싶었다. 하지만 남편은 그럴 필요가 없다고 말하며 차일피일 결정을 미루기만 했다. 슈잉이 아무리 노력하고 바꾸려 하고 남편과 대화하려 해도 남편에게는 그럴 마음이 전혀 없었다. 드디어 슈잉이 기한을 정하고 최후통첩을 전했다. 남편이 그래도 이 문제를 진지하게 생각하지 않는다면 딸을 데리고 집을 나가겠다고 선언했다.

2년 뒤 슈잉은 남편과 정식으로 이혼했다. 그때부터 두통이 사라졌고 딸과의 사이도 점점 좋아졌다. 그때 의사가 했던 말이 지금도 슈잉의 화장대 거울에 붙어 있다. 내려놓음과 잘라냄을 배운 것이 그녀의 인생에서 가장 중요한 약이었다.

관계를 정리하고
원하던 인생에 점점 가까워지다

이 모든 변화는 슈잉이 오랫동안 갖고 있던 신념, 즉 내려놓는 것은 곧 실패를 뜻하며, 모든 역할을 훌륭하게 해내야 한다는 생각이 불행의 원인임을 인식한 데서부터 시작되었다. 행복을 되찾고 싶다면 그런 생각을 깨뜨리고 바꾼 다음 새로운 행동으로 다시 태어나야 했다.

그녀가 자신을 옭아매고 있던 오래된 신념을 떨쳐버린 뒤 친구들은 모두 그녀가 웃음이 많아졌다고 말했다. 대립하던 딸과도 진심 어린 관심을 쏟자 점점 가까워졌다. 슈잉은 시댁에서 도망치기 위해 일에 매달릴 필요가 없었고, 편견이나 선입견 없이 딸의 세계로 들어가 반항 속에 숨은 목소리를 들여다보며 조금씩 신뢰를 쌓아갔다. 지금까지 딸은 강압적인 할머니와 냉담한 아빠가 힘들게 하는데도 저항하지 못한 채 당하기만 하는 엄마를 보며 부모에게 의지하지 못하고 친구들에게서 인정과 지지를 받으려 했던 것이다.

또한 슈잉은 자신이 일에 느끼는 이 애증의 감정이 무엇인지 깨닫고 난 뒤 점점 자신감을 얻었고, 직장을 잃을까 봐 두려워 무리한 일을 떠맡지 않았다. 자신감이 생기자 결단력도 생겼다. 예전처럼 잘못된 결정일까 두려워 망설이지 않았다. 업무에 적응하지 못하는 직원이 있을 때 예전 같으면 계속 참아주었겠지만 지금은 자신과 맞지 않는 일에 노력을 쏟는 것이 양쪽 모두에게 시간 낭비라는 걸 알기 때문에 다른 일을 찾는 것이 서로에게 더 좋을 수 있다고 충고해준다.

원래 그녀는 남에게 인정받으려면 양보하고 순종하고 희생해야 한다고 생각했다. 그러나 불필요한 기대와 관심을 정리하고 난 뒤에는 자기 위치를 정확히 찾았다. 그녀는 회사에서 가장 순발력 있고 아이디어가 풍부한 직원은 아니었지만 안정감과 꼼꼼함으로 사장의 신임을 얻었다. 이건 그녀가 원래 가지고 있던 장점이 충분히 발휘된 것이었으므로 자신을 다른 사람으로 바꿀 필요가 없었다. 슈잉은 일에서 진정한 성취감과 만족감을 느꼈다.

업무의 경계가 명확했기 때문에 퇴근 후 슈잉은 자신이 좋아하는 일을 배우고 규칙적으로 운동하며 균형 잡힌 음식을 먹을 수 있었다. 늦은 저녁을 허겁지겁 먹을 필요도, 배고픔을 참을 필요도 없었으므로 몸이 더 건강해졌다.

슈잉은 예전에 자신이 '과거에 대한 미련'과 '미래에 대한 불안' 속에서 발을 동동거리며 살았다는 걸 깨달았다.

전자는 그녀가 '사장님 밑에서 이렇게 오래 일했는데 당연히 도와드려야지' '이렇게 오래 알던 사이인데 뭘 그렇게 따져'라고 생각한 일들이었다. 이런 생각 때문에 그녀는 자신이 무리한 일을 하고 있다는 사실을 깨닫지 못했다. 후자는 '이직하면 더 높은 연봉을 받을 수 있을까?' '시댁에서 분가하면 생활비가 더 많이 들 텐데 이대로 사는 게 낫지 않아?'라며 지금 얻고 있는 것을 너무 중요하게 생각했던 것이다. 하지만 그중에서 그녀가 진정으로 좋아하는 건 하나도 없었다.

자신이 무엇을 두려워하고 무엇을 간과했는지 깨달은 지금도 그녀는 가끔씩 인정에 기댄 무리한 요구나 경제적 부담 때문에 스트레스를 받는다. 하지만 그럴 때마다 불필요한 것들을 정리하고 현재에 집중하려고 노력한다. 지금 자신에게 가장 필요한 게 무엇인지 생각하며 그 외의 부수적인 관계에 얽매이지 않는다.

비록 이혼이 그녀에게 많은 아쉬움과 상처를 남기기는 했지만 지난 2년의 시간을 돌이켜보면 그녀는 딸과의 관계든 직장에서든 몸이든 마음이든 건강해졌으며 점점 더 자신이 원하는 생활에 가까워지고 있었다. 그녀는 이별이란 졸업과 같아서 슬퍼하고 눈물도 흘리지만 축복해주어야 하는 일이라고 생각했다.

마침표는 또 다른 단계의 시작이다.

'나'를 위해 결정하는 습관 들이기

중요한 건 상대가 누구냐가 아니라 내가 무엇을 원하느냐다

누굴 남기고 누굴 버릴 것인가

과거 물자가 부족한 시대에 살았던 사람들은 어느 것 하나 쉽게 버리지 못했지만, 현대 인류는 새롭고 신선한 것을 추구하며 끊임없이 버리고 새로운 것을 산다. 양쪽 모두 극단적이지만 이것도 최악의 상황은 아니다. 제일 비참한 일은 버려야 하는 걸 버리지 못한 채 붙들고 있는 것이다.

어떤 것을 버리고 어떤 것을 남길지 어떻게 알 수 있을까? 중요한 건 물건 자체가 아니라 자기 자신을 정확히 인식하고 삶의 본질을 이해하는 것이다. 몇 년 전부터 미니멀리즘에 관한 책이 점점 많아지면서 우리에게 물건을 대하는 태도를 바꾸라고 권하고 있다.

하지만 인간관계에 있어서는 아직 가능한 많이 쌓아놓는 단계에 머물러 있다. 서점에 진열되어 있는 인맥에 관한 책 가운데 90퍼센트 이상이 인맥을 쌓고 회복하고 유지하는 법을 알려준다. 관계를 끊으라고 격려하고 용기를 북돋아주는 책은 거의 없다. 그것이 인간의 본능을 거스르는 일이기 때문이다. 사람들은 자신이 남에게 받아들여지고 어딘가에 소속되길 바란다. 잘라내는 것은 외로움과 분리를 의미한다. 그래서 우리는 관계에 금이 가면 보완하고 더 단단하게 이어 붙이기 위해 노력한다. 그래야만 열정적으로 사는 사람이라고 칭찬받는다. 20세기에 근검절약을 숭상했던 것처럼 말이다.

하지만 스마트폰이 시시각각 새로운 교제 수단을 선사하는 오늘날에는 관계를 바라보는 관점도 바뀌어야 하지 않을까? 과거의 관념을 그대로 적용해도 될까? 이것은 깊이 생각해봐야 할 문제이며 내가 이 책을 쓰게 된 동기이기도 하다. 관계에서 벗어나라고 조언하면 대부분 미간을 찡그리며 회의적인 반응을 보인다. 관계에서 떠나야만 나 자신이 남을 수 있단 말인가? 과감하게 잘라내야만 자신과 맞는 사람이 나타난단 말인가?

'내게 맞는 사람'만
남기기

그러면 어떤 사람들은 이렇게 묻는다.

"그 사람이 나와 '맞는지' 어떻게 알아요? 만약 잘못 판단하면 어떻게 하죠?"

이 질문을 반대로 생각해보자. 누가 자신에게 맞는 사람인지는 확실히 알 수 없지만 누가 자신을 불쾌하게 하는지는 아마 잘 알고 있을 것이다. 그렇다면 자신에게 물어보자. 누군가로 인해 불쾌감을 느낄 때 자신을 위해서 무엇을 했는가? 당신이 불합리한 일이나 불편한 감정을 잘라내야 하나 말아야 하나 고민할 때 그 누구도 당신에게 다음 직장이나 다음 연인이 지금보다 더 나을 것이라고 장담해줄 수 없다. 하지만 떠나지 않으면 새로운 가능성 또한 만날 수 없다.

꽃밭에 무성한 화초가 자라길 바란다면 먼저 씨앗을 심고 화초가 자랄 수 있는 빈 공간을 만들어야 한다. 자신과 맞지 않는 사람을 내보내지 않는다면 자신과 맞는 사람이 어떻게 들어올 수 있겠는가? 대부분의 경우 두려움과 마주하고 용감하게 길을 떠날 때만이 행복한 생활, 눈부신 발전이 더는 동화 속 이야기에 머무르지 않고 정말로 눈앞에 실현될 수 있다는 사실을 알게 될 것이다.

어떤 사람은 이렇게 걱정할 것이다.

"내 결정 때문에 다른 사람이 상처받으면 어떻게 하지?"

당신의 단호한 결정 때문에 남들이 괴로워하는 게 가슴 아프다면, 이 책에서 소개한 방법대로 자신의 생각, 자신에게 필요한 것을 찬찬히 들여다본 뒤 양쪽 모두에게 좋은 방법을 찾아내면 된다. 걱정과 죄책감을 떨쳐내고 눈앞의 폭풍우에 단호하게 맞서면 머지않아 아름다운 무지개를 볼 수 있을 것이라고 확신하자. "성공한 후에 믿는 것이 아니라 먼저 믿어야 성공한다"는 말도 있지 않은가? 상대가 당신을 의심하는 건 정상적인 반응이다. 변화를 요구하는 당신이 변화된 후의 결과에 기대를 품지 않는다면 상대가 어떻게 당신을 따라 변화할 수 있겠는가?

'취함'과 '버림'의 균형점을 찾다

퇴사할 거야, 이혼할 거야, 입버릇처럼 말하지만 몇 년이 지나도 그 자리에 그대로 머무는 사람이 있는가 하면, 거의 불평하지 않다가 어느 날 갑자기 직업을 바꾸거나 긴 연애를 끝내는 사람도 있다. 그런 사람들과 대화를 나눠보면 한 가지 공통점을 발견할 수 있다. 바로 자신을 위해 '결정하는' 습관이 있다는 것이다. 어려운 일이 닥쳤을 때 그들은 남의 동의나 격려를 구하려고 애쓰지 않고 자신이 원하는 것이 무엇인지 분명하게 생각한 뒤 행동에 옮긴다. 자신을 위한 결정을 내리는 데 얼마나 익숙한지 살펴보면 그 사람이 얼마나 성숙한지 알수 있다.

불합리하거나 불편한 일이 닥쳤을 때 그 자리에 가만히 선 채 푸념하며 남이 와서 해결해주길 기다리는가? 아니면 적극적으로 반응하며 선택 가능한 방법 중에서 자신에게 가장 유리하고 만족스러운 결과를 도출해내는가? 심리 상태에 따라 행동 방식이 다르고 결과적으로 만들어내는 인생도 달라진다.

우유부단한 사람은 결과를 감당할 용기가 없어서 계속 미루기만 한다. 하지만 그럴수록 운신의 폭은 점점 줄어든다. 사실 그들은 잊고 있다. 바로 결정을 내리지 않는 것도 결정이라는 사실이다. '그렇게 하면 더 단순한 삶을 살 수 있는가'라는 물음에는 당사자인 자신이 대답해야 하지만 예상할 수 있는 한 가지는 자기 스스로 결정을 내릴 때 결과에 더 초연할 수 있다는 점이다. 결과가 좋든 나쁘든 간에 기꺼이 감당하고 책임질 수 있다.

이 책에서 관계를 정리하면 얻을 수 있는 여러 가지 장점에 관해 이야기했다. 특히 자유로워지고 자신의 인생을 스스로 주도할 수 있다고 강조했지만 그만큼 짊어져야 할 책임도 많아진다. 남에게 책임을 미룰 수가 없다. 예컨대 샤오완은 남편과 함께 시어머니를 간병하지 않고 요양원에 입원시키기로 결정했다. 그렇다면 훗날 그녀의 부모님을 간병해야 하는 상황이 닥쳐도 그녀는 남편에게 도움을 요청할 수 없다. 남편이 자발적으로 나서지 않는 한은 말이다.

슈잉은 이혼을 선택하고 딸을 데리고 집을 나와 시댁과의 연을 끊기로 결정한 뒤 경제적인 부담과 양육이라는 무거운 책임을 짊어져야 했다.

당신이 독립의 부푼 꿈을 안고 부모님의 간섭을 거부하며 집에서 나와 혼자 살기로 결정했다면 앞으로 집을 장만하거나 아이를 돌봐줄 사람이 필요할 때 부모님의 도움을 받지 못할 수도 있다. 하지만 이것이 서로에게 좋은 결정임을 믿어야 한다. 당신이 진정한 독립을 배웠기 때문에 부모님도 비로소 자기 인생에 집중할 수 있게 되지 않았는가?

성숙한 어른이 된다는 것이 무엇인지 이제 알 수 있을 것이다. 세상 사람 그 누구도 아무 대가 없이 무엇이든 다 가질 수는 없다. 잘라내고 버려야만 새로운 것을 들일 수 있는 공간이 생긴다.

관계에서 '취함'과 '버림'은 꼭 붙어 다니는 세트 상품과 같다. 억지로 떼어내 둘 중 하나만 사려고 하면 더 큰 대가를 치러야 한다. 대가를 치르더라도 용감히 내려놓을 수 있는 사람이 진정 영혼이 자유로운 사람이다.

목청껏 외쳐보자.

"내 인생에서 내게 맞는 사람만 남기겠어!"

바로 그 순간 당신은 자신이 무엇을 원하는지 분명하게 아는 성숙한 사람이 될 것이며, 이런 단호한 용기가 당신을 관계의 부속품이 아니라 주인으로 만들어줄 것이다.

오롯이 독립적인 인간으로
존재하기 위하여

전작 『거절 잘해도 좋은 사람입니다』가 출간된 후 나를 찾아와 남들에게 상처받는다고 푸념하는 독자가 많았다. 그런데 경계를 긋는 연습을 하라고 충고하면 그들은 '하지만……' '그래도……'라며 난처한 표정을 지었다. 그때는 이해할 수 없었다. 내가 책에서 제대로 설명하지 못했거나 내 주장에 설득력이 떨어지기 때문이라고 생각했다.

하지만 이 책을 집필하면서 그 이유를 찾았다. 그들은 경계를 그을 줄 모르는 것이 아니라, 경계를 긋기 전과 후를 비교한 뒤 기존의 관계 속에 남을 때 얻는 것이 더 많다는 걸 알았을 것이다. 그러면서 겉으로만 이해할 수 없거나 인정하지 않는 척하며 계속 푸념했던 것이다. 원망할 사람이 없는 편이 더 괴로우니까 말이다. 경계를 긋지 않으면 자기 삶에 대한 주도권은 줄어들지만 더 많이 도움받고 보호받을 수 있다. 반대로 용감하게 잘라내면 기댈 곳이 없어지지만 더 많은 가능성과 공간을 얻을 수 있다.

어느 쪽이 자신에게 더 유리한지에는 정답이 없다. 다만 자신을 위한 결정을 내릴 때 오롯이 독립적인 인간으로 존재할 수 있다. 세상에 가장 좋은 선택은 없다. 중요한 건 자신의 선택에 책임지느냐이다. 이 사실을 기억한다면 실패와 상처가 두려워서 아무 행동도 하지 않는 우를 범하지는 않을 것이다.

사람은 끊임없이 변화하고 인생에서 찾아오는 단계마다 원하는 것도 달라진다. 중요한 건 상대가 누구냐가 아니라 자신이 원하는 것이 무엇이냐다.

행복은 잘라내야 하는 것을 억지로 붙잡지 않고, 유지해야 하는 것을 열심히 회복하는 것이다.

취함과 버림의 균형을 유지하며 인연이란 만남일 뿐 아니라 때로는 이별일 수도 있다는 걸 기억하길 바란다. 관계가 추억 속에서 아름답게 살아 있다면 언젠가 다시 만날 수도 있을 것이다.

떠나든 남든 당신은 자신이 무엇 때문에 그런 결정을 내렸는지 알아야 한다.

인생에서 내게 맞는 사람만 남기고 나를 소모시키는 사람은 잘라내라.

그래야만 당신이 원하는 이상적인 삶을 살 수 있다.

정리란
관계의 재정립을 넘어
자아에 대한 개념을
다시 세우는 과정이다.

옮 긴 이

허 유 영

한국외국어대학교 중국어과와 동 대학교 통번역대학원 한중과를 졸업하고, 현재 전문 번역가로 활동하고 있다. 지은 책으로 『쉽게 쓰는 나의 중국어 일기장』이 있고, 옮긴 책으로는 『디테일의 힘』 『초조하지 않게 사는 법』 『우리 엄마의 기생충』 『인생에 가장 중요한 7인을 만나라』 『펭귄이 말해도 당신보다 낫겠다』 등 다수가 있다.

나를 아프게 하는 사람은 버리기로 했다

1판 1쇄 펴낸 날 2019년 11월 30일
1판 2쇄 펴낸 날 2020년 2월 20일

지은이 | 양지아링
옮긴이 | 허유영

편 집 | 안희주
경영지원 | 진달래

펴낸이 | 박경란
펴낸곳 | 심플라이프
등록 | 제2011-000219호(2011년 8월 8일)
주소 | 경기도 파주시 광인사길 88, 3층 302호 (문발동)
전화 | 031-941-3887, 3880
팩스 | 031-941-3667
이메일 | simplebooks@naver.com
블로그 | http://simplebooks.blog.me

ISBN 979-11-86757-52-9   03190

• 이 도서의 국립중앙도서관 출판시도서목록(CIP)은 서지정보유통지원시스템 홈페이지(http://seoji.nl.go.kr)와 국가자료공동목록시스템(http://www.nl.go.kr/kolisnet)에서 이용하실 수 있습니다.(CIP제어번호: 2019045239)